Lynn Tylczak

Die Produktivität der Mitarbeiter steigern

- *Kosten reduzieren*
- *Produktivität, Service-qualität und Moral erhöhen*
- *basierend auf Wert-Management-Prinzipien*

UEBERREUTER

Die Deutsche Bibliothek – CIP-Einheitsaufnahme

Tylczak, Lynn:
Die Produktivität der Mitarbeiter steigern : Kosten reduzieren,
Produktivität, Servicequalität und Moral erhöhen ; basierend
auf Wert-Management-Prinzipien / Lynn Tylczak. [Aus dem
Amerikan. von Lexicomm, konz. Fachübers.-Büro, Wien. Ill.:
Josef Koo]. – Wien : Wirtschaftsverl. Ueberreuter, 1993
   (New Business Line) (Manager-Magazin-Edition)
   Einheitssacht.: Increasing employee productivity ‹dt.›
   ISBN 3-901260-40-4

S 0071   1 2 3 4 5 / 97 96 95 94 93

Aus dem Amerikanischen von Lexicomm® konz. Fachübersetzungsbüro
Originaltitel »Increasing employee productivity«, erschienen im Verlag Crisp Publications, Inc.,
Los Altos, Kalifornien
Copyright© 1990 by Crisp Publications, Inc.
Fachredaktion: Dr. Peter Kowar
Technische Redaktion: Dr. Andreas Zeiner
Umschlag: Beate Dorfinger
Illustrationen: Josef Koo
Typografie: Kurt Bauer
Copyright© der deutschsprachigen Ausgabe 1993 by Wirtschaftsverlag Carl Ueberreuter, Wien
Printed in Austria

Inhalt

Manager, die das Beste aus Produkten und Leistungen holen wollen, müssen stets im Auge behalten, was unter dem Strich übrigbleibt. Und da man nur das glaubt, was man selbst gesehen hat, tendieren sie dazu, ganz offensichtliche Betriebskennzahlen, wie den ROI (Return On Investment), zu berücksichtigen, aber wesentliche, nicht sofort sichtbare Faktoren zu ignorieren.

Die tagtäglichen ROI-Werte sind jedoch, langfristig gesehen, nur »Rarely Of Importance« – also selten von Bedeutung. Für einen weitblickenden Manager sind sie viel zu kurzfristig ausgelegt. Betrachten Sie zum Beispiel Schulungskosten oder Forschungs- und Entwicklungskosten, die laufende Ausgaben darstellen, die sich monatelang nicht in der Aktiva der Bilanz niederschlagen. Welche Auswirkungen hat jedoch diese zeitliche Verzögerung auf den ROI? Sie verzerrt Tatsachen und Zahlen. Der ROI wird zum Rendering Of Imbalances – dem Ausdruck von Ungleichgewichten.

Der größte ROI für jeden Manager ist jedoch der »Return On Ingenuity« – die »Rentabilität des Einfallreichtums«. Diese bedarf eines gesunden Arbeitsumfeldes, eines starken betrieblichen Vorschlagswesens, entsprechender Mitarbeiterschulungen und -förderungsprogramme sowie einer positiven Einstellung.

Dieses Buch zeigt Ihnen, wie diese vier Voraussetzungen verwirklicht werden können. Es informiert Sie:

- über das Potential der Vorschläge Ihrer Mitarbeiter
- wie man ein Kreativität förderndes Umfeld schafft
- über ein Schritt-für-Schritt-Verfahren, das Ihre Mitarbeiter anwenden können, um wertvolle Ideen identifizieren, analysieren und verfeinern zu lernen
- wie man aus apathischen Robotern fleißige Heinzelmännchen und geistreiche Erfinder macht

Daher ROI: »Read On for Illumination« – Lesen Sie weiter, wenn Sie mehr darüber erfahren wollen.

Lynn Tylczak

Lynn Tylczak

Über dieses Buch

Mit diesem Buch erhalten Sie gleich zwei Bücher zum Preis von einem. Es informiert Sie über ein erfolgreiches Vorschlagswesen und über das Qualitätsmanagement (QM) – eine doppelte Erfolgsgarantie für jene Geschäftsleute, die diesen Leitfaden in der Praxis umsetzen.

Teil I zeigt Ihnen, wie das Einbeziehen der Mitarbeiter in Qualitätsmanagement sowohl Geld sparen als auch eine Steigerung der Qualität, Produktivität und Arbeitsmoral bewirken kann – Verzeihung – *wird*! QM hat sich bei mehr als der Hälfte der sich »auf der Suche nach Exzellenz« befindenden Unternehmen bewährt. Und dies wird auch in Ihrer Firma der Fall sein.

Teil II untersucht die Voraussetzungen für ein wirksames Vorschlagswesen im Betrieb. Unternehmen Sie auch wirklich alles, um aus Ihrem betrieblichen Vorschlagswesen einen Erfolgsfaktor zu machen? ANMERKUNG: Geld ist nicht alles! Viele erfolgreiche Vorschlagswesen-Projekte können mit Kleingeld finanziert werden!

Teil III präsentiert QM – eine noch fast unbekannte Technik, die von Top-Unternehmen eingesetzt wird, um ihren Mitarbeitern zu helfen, eigenständig zu geringeren Kosten mehr zu erreichen (Qualität, Produktivität, Leistung). Qualitätsmanagement kann von praktisch jedem Mitarbeiter zur Lösung von fast jedem Problem mit einer beinahe 100%igen Erfolgsgarantie eingesetzt werden.

Teil IV stellt die Anwendung von Qualitätsmanagement anhand eines reellen Fallbeispiels aus der Geschäftswelt dar, und zwar wie QM einer Stenotypistin half, die Produktivität ihrer Abteilung bei der Bearbeitung eines Formulars um über 800 Prozent zu steigern.

Jedes Unternehmen kann Qualitätssteigerungen erreichen und dabei Kosten sparen – denn jedes Unternehmen ist in der Lage, Qualitätsmanagement (die Methode) und ein erfolgreiches betriebliches Vorschlagswesen (das Mittel) zu implementieren. Durch die in diesem Buch vorgestellten Techniken sind Sie bloß 50 Minuten von diesen Zielsetzungen entfernt!

Danksagung

Meines Erachtens ist es nicht ausreichend, jenen, die an den Nachforschungs-arbeiten für dieses Buch beteiligt waren, nur zu danken. Auch ihre Erfolge sollten anerkannt werden. Am Projekt beteiligt waren:

- John Maurer, PE, CVS, Productivity and Quality Center, Westinghouse, Pittsburgh, PA
- Gary Robinson, Boeing Company, Seattle, WA
- Thomas R. Chamberland, PE, CVS, U.S. Army Corps of Engineers, San Francisco, CA
- Pete Megani, CVS, Martin Marietta Orlando Aerospace, Orlando, FL

Typische Firmenerfolgsgeschichten:

... Westinghouse entdeckt, daß es effizienter ist, einen rechteckigen Transferbehälter durch einen gleich großen Zylinder zu ersetzen – dadurch können jährliche Einsparungen von US-$ 350.000,– ermöglicht werden.

... Ein großer Zulieferer der Rüstungsindustrie verbessert das Bremssystem eines Jets, indem er einen einfachen Abstandshalter einbaut. Die Lebensdauer der Bremsen wird dadurch von 700 auf 1.229 Stunden erhöht, die gesamten Einsparungen betragen rund 38 Millionen Dollar.

... Das Army Corps of Engineers (Pioniertruppe der amerikanischen Armee) gibt 40.000 Dollar für die Heppner-Oregon-Qualitätsmanagement-Studie aus. Gesamt-einsparungen: ca. 12 Millionen Dollar. Kosten/Einsparungen-Verhältnis: 1 zu 290.

Dieses Buch ist weiters folgenden Personen gewidmet:

- Joseph, Erik und Lesley Tylczak für ihre Inspiration und Motivation; und
- Arthur E. Mudge, CVS, Value Associates, Bethel Park, Pennsylvania. Ist er auch nicht der »Vater« des Qualitätsmanagements, so ist er mit Sicherheit das lebende Beispiel dafür!

Teil 1:

Kann auch ich davon profitieren?

1.1 Das Potential der Vorschläge

Ende des 19. Jahrhunderts war Lister & Company Großbritanniens führender Seidenlieferant. Ihre unglaublichen Gewinne setzten den Maßstab für die betriebsinterne Selbstgefälligkeit und Überschätzung. Eine der Fabriken war so groß, daß man mit einem Wagen auf dem Kamin hätte herumfahren können.

Im Jahre 1912 stellte ein Angestellter, der Wissenschaftler und Chemiker Samuel Courtauld, dem Management eine neue synthetische Seide vor, die er selbst entwickelt und »Reyon« benannt hatte.

Das Lister-Management zerriß die Idee des vorlauten Angestellten in tausend Stücke in der Überzeugung, daß die Kunden auf echte Seide *bestehen* würden. Also blieb dem armen Samuel Courtauld nichts anderes übrig, als seine sieben Sachen zu packen und im Alleingang eine multimilliardenschwere Industrie zu schaffen – und davon redlich zu profitieren.

Kann ein gutes betriebliches Vorschlagswesen aus einem innovativen Saatkorn wirklich einen klingenden Geldbeutel machen – der auch in ferner Zukunft noch Gewinne abwirft?

Garantie dafür gibt es keine. Einiges ist jedoch gewiß. Die folgenden Seiten werden Ihnen vorführen, wie Sie von einem gut durchdachten und gut verwalteten Vorschlagswesen profitieren können. Tüchtige Manager an vorderster Front erhalten dadurch die Gelegenheit, aus ihrer Abteilung in jeder Hinsicht eine Musterabteilung zu machen.

◆ *Verschließen Sie sich nicht gegenüber den Vorschlägen Ihrer Mitarbeiter.*

1.2 Wünschenswerte Änderungen

Wenn Sie sich noch nicht so recht mit der Idee angefreundet haben, Ihr betriebliches Vorschlagswesen auszubauen, überlegen Sie, welche Vorteile für Sie daraus erwachsen würden.

Nehmen Sie sich ein paar Minuten Zeit. Zählen Sie all jene Dinge auf, die Sie in Ihrem Unternehmen gerne verbessern würden. Denken Sie in großen Einheiten: Personal, Produkte, Gewinne, Verfahren usw.

Ich möchte folgendes verbessern:

_____

_____

_____

_____

_____

_____

_____

_____

_____

_____

_____

_____

_____

1.3 Implizierte Änderungen

Vergleichen Sie die von Ihnen aufgelisteten wünschenswerten Änderungen mit untenstehenden »implizierten Änderungen«. Die Wahrscheinlichkeit ist hoch, daß Ihre gesamte Wunschliste unten aufscheint – zusätzlich zu ein paar weiteren Ideen, die Sie gerne aufgelistet hätten.

Diese implizierten Änderungen sind Verbesserungen, die von internationalen Top-Unternehmen (Honeywell, IBM, Martin Marietta, Westinghouse, um nur einige zu nennen) als Ergebnis des internen Qualitätsmanagement-Vorschlagswesens angegeben wurden.

Implizierte Änderungen:

- *Kosteneinsparungen und andere finanzielle Aspekte* – beträchtliche Kosteneinsparungen, verbesserter Cash-flow, Abbau unnötiger oder teurer Posten

- *Qualitätsanpassungen* – Produkte und Leistungen höherer Qualität, verbesserte Qualitätskontrollen

- *Fortschritte bei Produkten oder Leistungen* – beträchtliche Verbesserungen der Produkte hinsichtlich Konkurrenzfähigkeit, Leistung, Verläßlichkeit, Verpackung und Gewicht

- *Verbesserte Verfahren und Prozesse* – schlankere interne Logistik, kürzere Produktionsvorlaufzeiten, bessere Verfügbarkeit der Ersatzteile

- *Personalbezogene Vorteile* – gesteigerte Führungsqualitäten, bessere Teamarbeit, verbesserte Kommunikation, höhere Produktivität, größere Kreativität des Personals, größere Akzeptanz und Einsatz neuer Ideen und Technologien, gesteigerte Arbeitsmoral, geringere Umschlagsraten

Gehen Sie Ihre Wunschliste (Seite 11) nochmals durch. Sollten Sie noch einen Wunsch hinzufügen wollen – nämlich auch ein auf QM gestütztes betriebliches Vorschlagswesen einzusetzen –, wir helfen Ihnen auf die Sprünge. In den nun folgenden Kapiteln werden Sie erfahren, wie Sie QM selbst sinnvoll und erfolgreich nutzen können.

1.4 Wert der Mitarbeitervorschläge

Sich auf Vorschläge Ihrer Mitarbeiter eher als auf die der Manager zu stützen, beinhaltet eine weitere Reihe von Vorteilen:

- Mitarbeiter haben oft ein besseres Gefühl für die Verbesserungsmöglichkeiten von Verfahren und Prozessen als ihre Vorgesetzten.

Die Vertrautheit mit bestimmten Aufgaben ruft keine Verachtung hervor. Sie fördert die Kreativität (»Wie würde ich vorgehen, wenn es an mir läge? Wie könnte ich meine Aufgaben erleichtern?«). Die Erfahrung durch die Arbeit an vorderster Front bewirkt ein Bewußtsein und eine Offenheit für Chancen und Probleme, die Managern in ihren Büros nicht immer zugänglich sind.

- Mitarbeiter können sich auf wesentlich vielfältigere Erfahrungen als Manager stützen.

Stundenweise eingestellte Arbeiter sind »bewanderter« als Manager. Ideen, die an anderen Arbeitsstellen aufgegriffen wurden, können sich bei Problembereichen als Aufhänger erweisen. (»Dort, wo ich vorher gearbeitet habe, haben wir das gelöst, indem wir ... Damals haben wir ...«)

- Mitarbeiter können herumexperimentieren, ohne gleich die Firma auf den Kopf zu stellen.

Mitarbeiter können mit Ideen herumspielen, ohne große Aufmerksamkeit zu erregen. Manager, die das gleiche Konzept anwenden, würden hingegen Besorgnis erregen.

- Von Mitarbeitern aufgestellte Ideen haben bessere Überlebenschancen im ungerechten Spiel der Politik.

Welche Ideen werden von der Belegschaft besser aufgenommen: Vorschläge der Kollegen oder Anweisungen aus der Chefetage? Richtig!

- Das betriebliche Vorschlagswesen stärkt wichtige dynamische organisatorische Prozesse.

Sie können nicht alles selber machen. Sie müssen delegieren. Ein gut durchdachtes Vorschlagswesen wird Ihre Anstrengungen erleichtern – und nicht schwächen.

Teil 2:

Komponenten eines

erfolgreichen Vorschlagswesens

2.1 Die drei Komponenten

Genau wie ein dreibeiniger Schemel, hat ein erfolgreiches betriebliches Vorschlagswesen drei wichtige »Standbeine«. Programme ohne diese drei grundlegenden
Komponenten, nämlich *Visualisierung, Ego-Aufbauer* und *Struktur,* haben keinen Halt.
   Ein erfolgreiches Vorschlagswesen aufzubauen, ist relativ einfach. Die folgenden
fünfzig Strategien sind ein guter Ausgangspunkt. Bei jedem Posten fragen Sie sich:

● Setzt unser Unternehmen diese Technik ein?
● Wenn nicht, warum nicht? Ist es unseren Bedürfnissen angepaßt?
● Könnten wir sie unseren speziellen Anforderungen und Umständen anpassen?
● Habe ich die Befugnis, sie zu implementieren? Wenn nicht, wer hat sie?
● Wann könnten wir damit anfangen?
● Wer würde allfällige, damit verbundene Verwaltungsaufgaben übernehmen?

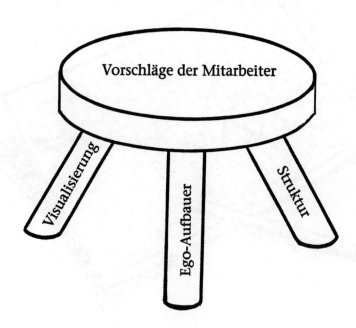

2.1.1 Komponente Visualisierung

Die Bedeutung der Visualisierung liegt auf der Hand. Aus den Augen, aus dem Sinn. Die folgenden Techniken sollen Ihren Mitarbeitern helfen, mögliche Belohnungen im Auge zu behalten und an innovative Verbesserungsvorschläge zu denken.

	Im Rahmen meiner Befugnisse	Bedarf zusätzlicher Befugnisse	Wann können wir damit anfangen?
1. Vorschläge mit eingerahmten Urkunden belohnen	O	O	
2. Angenommene Vorschläge am Schwarzen Brett aushängen	O	O	
3. Angenommene Vorschläge in der Eingangshalle aushängen	O	O	
4. Photos der Mitarbeiter mit ihren Vorschlägen aushängen (Gesichter sind oft bekannter als Namen)	O	O	
5. Flugblätter mit Glückwünschen verteilen	O	O	
6. Einen Wanderpokal einsetzen	O	O	
7. Teilnehmern einen reservierten Parkplatz zuteilen	O	O	
8. Vorschläge in einem Schaukasten oder auf einer Anschlagtafel bekanntgeben	O	O	
9. Vorschläge über die Lautsprecheranlage bekanntgeben	O	O	
10. Vorschläge bei regelmäßigen Besprechungen bekanntgeben	O	O	

	Im Rahmen meiner Befugnisse	Bedarf zusätzlicher Befugnisse	Wann können wir damit anfangen?
11. Den Angestellten persönlich und öffentlich beglückwünschen	O	O	
12. Frühere Vorschläge in Reden, Memos und Schulungsprogrammen bekanntgeben	O	O	
13. Fernseh- oder Videoaufzeichnung zur Demonstration der alten und der neuen Situation organisieren	O	O	
14. Eine Presseinformation über bedeutende Vorschläge an die Lokalzeitung aussenden	O	O	
15. Eine Presseinformation über bedeutende Vorschläge an die entsprechenden Fachzeitschriften und Händler aussenden	O	O	
16. Einen Artikel über bedeutende Vorschläge schreiben und an die Firmenzeitung weiterleiten (bzw. besser noch in den vierteljährlichen Gesellschaftsbericht integrieren)	O	O	
17. Den Mitarbeiter mit seinem Vorschlag in der Firmenwerbung einsetzen	O	O	

2.1.2 Komponente Ego-Aufbauer

Ein alter Bauernspruch besagt: »Man fängt mehr Fliegen mit einem Tropfen Honig als mit einem Topf Essig.« Dasselbe gilt für das betriebliche Vorschlagswesen. Wenn die Erfahrung, die ein Mitarbeiter mit dem Programm gemacht hat, einen guten Nachgeschmack hinterläßt, wird er sich noch eine Portion holen wollen.

Diese persönlichen »Abfindungen« ermöglichen es Ihnen, Ihre Mitarbeiter (nicht unbedingt mit Geld!) für gut geleistete Arbeit zu belohnen.

	Im Rahmen meiner Befugnisse	Bedarf zusätzlicher Befugnisse	Wann können wir damit anfangen?
18. Dem Mitarbeiter einen persönlichen Dankesbrief für den Vorschlag schreiben	O	O	
19. Der Familie des Mitarbeiters einen persönlichen Brief schreiben, in dem sein Beitrag gelobt wird	O	O	
20. Dem *eigenen* Boß einen Brief schreiben, in dem der Erfolg des Mitarbeiters gelobt wird	O	O	
21. Einen Brief für den Personalakt des Mitarbeiters schreiben, in dem sein Vorschlag gelobt wird (besonders wichtig für karrierebewußte Personen)	O	O	
22. Den *obersten* Chef dazu bewegen, einen Glückwunschbrief zu schreiben			
23. Dem Mitarbeiter einen Dankesbrief auf *eigenem* – nicht Firmen- – Briefpapier schreiben	O	O	
24. Persönliche Bewunderung aussprechen	O	O	
25. Regelmäßig die Anerkennung zum Ausdruck bringen	O	O	

	Im Rahmen meiner Befugnisse	Bedarf zusätzlicher Befugnisse	Wann können wir damit anfangen?
26. Den Beitrag des Mitarbeiters bei seiner regelmäßig angesetzten Leistungsbeurteilung erwähnen _____	○	○	_____
27. Monetäre Belohnungen in Betracht ziehen – ohne sich jedoch dazu gezwungen zu fühlen _____	○	○	_____

2.1.3 Komponente Struktur

Die einzige Möglichkeit, ein chaotisches System zu vermeiden, ist, einen PLAN zu implementieren – ein Programm, das alle Verwaltungsaspekte des Vorschlagswesens koordiniert. Nachfolgend ein paar Tips.

	Im Rahmen meiner Befugnisse	Bedarf zusätzlicher Befugnisse	Wann können wir damit anfangen?
28. Sicherstellen, daß das Programm auf Menschen abgestimmt ist: ihre Gefühle, Werte und Bedürfnisse	O	O	
29. Den Mitarbeitern bei der Ideenfindung behilflich sein (z. B. verbesserungswürdige Bereiche vorschlagen, zeigen, wie frühere Ideen an neue Bedürfnisse angepaßt werden können)	O	O	
30. Bei allfälligen notwendigen Forschungsarbeiten mithelfen	O	O	
31. Mitarbeiter darauf einschulen, Verbesserungspotentiale zu entdecken	O	O	
32. Bemühungen und Vorschläge von Teams fördern	O	O	
33. Brainstorming zwischen Abteilungen ermöglichen	O	O	
34. Formulare einfach gestalten	O	O	
35. Leichtverständliche Abläufe und Regeln entwickeln	O	O	

	Im Rahmen meiner Befugnisse	Bedarf zusätzlicher Befugnisse	Wann können wir damit anfangen?

36. Das Programm für alle leicht zugänglich machen (Formular leicht erhältlich, Briefkasten für ausgefüllte Formulare) _____ ⭘ —— ⭘ _____

37. Selbstdurchschreibende Formulare einsetzen _____ ⭘ —— ⭘ _____

38. Das Formular professionell gestalten, damit es ernst genommen wird _____ ⭘ —— ⭘ _____

39. Vorschlagsformulare numerieren, um ihre Bedeutung zu unterstreichen _____ ⭘ —— ⭘ _____

40. Ein permanentes formelles Vorschlags- komitee einrichten _____ ⭘ —— ⭘ _____

41. Für jeden Vorschlag ein Komiteemitglied zum Verfechter der Idee ernennen _____ ⭘ —— ⭘ _____

42. Jeden Vorschlag einer formellen und fairen Prüfung ohne Schnellverfahren unterziehen _____ ⭘ —— ⭘ _____

43. Mitarbeiter über die »Fortschritte« ihrer Idee(n) informieren _____ ⭘ —— ⭘ _____

44. Fristen für Komitee-Entscheidungen festsetzen _____ ⭘ —— ⭘ _____

45. Die Mitarbeiter immer darüber informieren, weshalb ihre Idee akzeptiert bzw. nicht akzeptiert wurde _____ ⭘ —— ⭘ _____

46. Den Mitarbeitern die Möglichkeit geben, die Vorschläge bei Bedarf anzupassen _____ ⭘ —— ⭘ _____

	Im Rahmen meiner Befugnisse	Bedarf zusätzlicher Befugnisse	Wann können wir damit anfangen?
47. Auf firmeninternen Beförderungsformularen einen Freiraum für Anmerkungen über Programmteilnahme vorsehen _____	O —	O	_____
48. Auf Leistungsbeurteilungsformularen einen Freiraum für Anmerkungen über Programmteilnahme vorsehen _____	O —	O	_____
49. Mitarbeitervorschläge in einem Photoalbum verewigen _____	O —	O	_____

... und am wichtigsten:

50. *Ernsthafte und permanente Top-Management-Unterstützung vorzeigen* _____	O —	O	_____

2.2 Die Standbeine überzeugend verkaufen

Visualisierung, Ego-Aufbauer und Struktur werden Ihre Mitarbeiter ohne weiteres überzeugen. Wenn es jedoch darum geht, andere Manager zu überzeugen, im Vorschlagswesen-Programm mitzuarbeiten, ist eine gänzlich andere Strategie angesagt.

Der Schlüssel zum Erfolg: Manager interessiert es nicht, wie ein Programm funktioniert, es interessiert sie lediglich, *was damit erreicht werden kann.* Zum Beispiel:

Die Vorteile der Visualisierung:

- Ein positives Corporate Image (wir ermutigen Innovation)
- Eine gezieltere Ausrichtung auf Qualitäts- und Kostenziele
- Positive Bestätigung für die Mitarbeiter

Die Vorteile der Ego-Aufbauer:

- Erhöhtes Selbstbewußtsein der Arbeiter
- Größere Loyalität und entsprechendes Engagement der Firma gegenüber
- Motivierte Mitarbeiter

Die Vorteile der Struktur:

- Vorhersagbarkeit (auch in bewegten Zeiten)
- Vertrauen dem »System« gegenüber
- Kontinuität (keine vergängliche Modeerscheinung)

2.3 Sabotieren Sie Vorschläge?

In untenstehender Liste finden Sie einige sichere Merkmale des typischen Saboteurs. Versuchen Sie, in keinem der Fälle ein »Ja-Sager« zu sein!

	ja	nein
1. Ich tendiere dazu, den Status quo der Firma zu verteidigen. Alles andere wäre illoyal	O	O
2. Ich bin meistens skeptisch, wenn es um Veränderungen geht. »Wenn etwas nicht (oder nicht zu sehr) defekt ist, dann repariere es nicht!«	O	O
3. Ich erinnere an das Versagen anderer. Öffentlich	O	O
4. Ich vergesse die Erfolge anderer. Sehr schnell	O	O
5. Ich hinterfrage nicht, weshalb etwas in einer bestimmten Weise getan wird – es wird schon einen Grund dafür geben!	O	O
6. Ich werde böse, wenn Mitarbeiter »dumme« Fragen stellen	O	O✓
7. Ich lehne Beiträge und Vorschläge von Mitarbeitern ab. Wenn meine Untergebenen wirklich wüßten, worüber sie sprechen, wären sie der Manager	O	O
8. Ich lasse mich manchmal für Ideen feiern, die meine Mitarbeiter vorgeschlagen haben	O	O
9. Ich schiebe vieles auf die lange Bank. Sogar gute Vorschläge meiner Mitarbeiter liegen manchmal lange auf meinem Schreibtisch, bevor ich mich damit befasse	O	O
10. Ich bemühe mich nicht genug um die Umsetzung der Ideen. Manches fällt nun mal durch den Rost	O	O

	ja	nein

11. Meiner Ansicht nach ist der Wunsch nach Änderung
des Status quo insgeheim oder unbewußt Ausdruck
einer gewissen Unzufriedenheit _____ O _ O

12. Wenn Angestellte bestimmte Vorgangsweisen
hinterfragen, sehe ich die Situation als »wir
(das Management) gegen sie (das Personal)« _____ O _ O

13. Ich glaube, daß ich besser als das Personal weiß,
wie die Abteilung funktioniert. Wenn Veränderungen
notwendig wären, wäre ich der erste, der dies
erkennen würde _____ O _ O

14. Wenn die Mitarbeiter nicht immer versuchen würden,
am System »herumzupfuschen«, und statt dessen
ihrer Arbeit nachgehen würden! _____ O _ O

Teil 3:

Einführung ins Qualitätsmanagement

3.1 Die Vorgangsweise festlegen

Visualisierung, Ego-Aufbauer und Struktur bilden das Rückgrat eines guten betrieblichen Vorschlagswesens. Das Qualitätsmanagement stellt die Muskulatur dazu dar.

◆ *Definition:*
Qualitätsmanagement ist ein progressiver kreativer Prozeß, der sich um das Wort Funktion dreht. Er erlaubt Mitarbeitern besser, Wege zu identifizieren, um notwendige kritische Veränderungen herbeizuführen.

Das von General Electric geschaffene und verbesserte Qualitätsmanagement weist eine beeindruckende 40jährige Vergangenheit auf. Viele Top-Unternehmen – darunter Boeing, Westinghouse, Black & Decker, General Dynamics – setzen QM ein, um ihre Produkte oder Leistungen zu verbessern und gleichzeitig Kosten zu sparen. Wenn Sie QM einsetzen, befinden Sie sich in bester Gesellschaft.

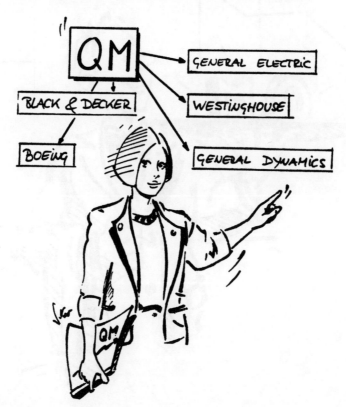

3.2 Die Grundregeln von QM

Wenn Sie sich auf das neue Gebiet des QM-Vorschlagswesens wagen wollen, sollten Sie zuerst ein paar wesentliche Grundregeln festsetzen.

1. Grundregel:
Betrachten Sie QM nicht als einfache Kosteneinsparungsmaßnahme

Sich lediglich auf Kosteneinsparungen zu konzentrieren, führt in der Regel zu minderwertigen Produkten, einem langsameren Service und einer niedrigeren Arbeitsmoral. Kunden werden entfremdet, und das Geschäft geht an die Konkurrenz verloren. QM betrachtet immer die Aspekte »was Sie zahlen« (Kosten) *und* »was Sie dafür bekommen« (Qualität). Ihre Mitarbeiter sollten durchaus auch Ideen einbringen, die zu *Kostenerhöhungen* führen, solange die Qualitätssteigerung noch größer ist.

2. Grundregel:
Horchen Sie auf Mißmut

Haben Sie schon ähnliche Bemerkungen von Ihren Mitarbeitern gehört?

● Herrn Sowieso wird das nicht gefallen.
● Vergiß es – das ist nicht meine Aufgabe!
● Irgendwann einmal, vielleicht.
● Was paßt an der derzeitigen Situation nicht?
● Oje!
● Was will er damit beweisen?
● Das ist zu riskant.
● Wir haben kein Geld, das wir dafür vergeuden könnten.
● Wozu die Mühe?

Ist dies der Fall, so hat Ihr Programm kläglich versagt. Es hat nicht die wesentlichste Frage beantwortet, nämlich: »Wie kann ich davon profitieren?«

3. Grundregel:
Versorgen Sie Ihre Mitarbeiter mit Anleitungen und nicht mit Anweisungen

Steuern Sie Ihre Mitarbeiter in Richtung erfolgreicher Vorschläge. Ermutigen Sie sie, Bereiche ihrer Arbeit ausfindig zu machen, die ...

● ... komplizierter als notwendig sind.
● ... frustrierend sind (meist dann frustrierend, wenn sie schlecht durchdacht sind).
● ... verändert und »repariert« werden könnten.
● ... in Ihrem Unternehmen nicht dem Standard entsprechen bzw. einzigartig sind.
   (Geht Ihre Konkurrenz anders vor, weil sie etwas weiß, was Sie nicht wissen?)

Bringen Sie Ihren Mitarbeitern bei, stets die entscheidenden Qualitätsfragen zu stellen:

● Bringt diese(s/r) Aufgabe/Produkt/Bestandteil einen Mehrwert?
● Ist es die Kosten wert (1 ECU Nutzen für 1 ECU Kosten)?
● Sind alle Leistungsmerkmale notwendig?
● Kann etwas anderes diese Funktionen übernehmen?
● Zahlen andere Unternehmen weniger für dieses Stück? Könnten wir das auch?
● Kann es auf billigere Weise hergestellt oder ergänzt werden?
● Setzen wir die richtigen »Werkzeuge« (Technologie, Bestandteile, Schulung) ein?

4. Grundregel:
Teilen Sie Ihren Mitarbeitern Kompetenzen zu

Geben Sie Ihren Mitarbeitern die richtigen Werkzeuge:

● Zugriff auf Information
● Das Recht, alteingesessene Ideen zu hinterfragen
● Die Freiheit, »dumme« Fragen zu stellen
   (Es gibt keine dummen Fragen, nur dumme Fehler.)
● Offene Kommunikationslinien

3.3 Die sechs Aufgaben

Qualitätsmanagement beinhaltet sechs wichtige voneinander getrennte Aufgaben.

1. Aufgabe: Informationen sammeln

Die für das Verstehen und Analysieren des Produktes notwendigen Informationen sammeln. (Das gleiche gilt für alle QM-Zielobjekte: Dienstleistungen, Systeme, Prozesse, Verfahren.)

2. Aufgabe: Funktionen identifizieren

Das Produkt definieren: nicht, was es ist, sondern was seine Funktionen sind. Anmerkung: Dieser Schritt unterscheidet QM von allen anderen analytischen Techniken. Andere Ansätze streben nach steigenden Verbesserungen. Die funktionelle Ausrichtung des QM ermöglicht es dem Beschäftigten, wesentlich grundlegendere – und profitablere – Aspekte anzusprechen.

3. Aufgabe: Ideen generieren

Neue Wege identifizieren, um die benötigten Funktionen zu erfüllen.

4. Aufgabe: Ideen konsolidieren

Die Ideen analysieren und aus den besten potentielle Produkte zusammenstellen.

5. Aufgabe: Alternativen beurteilen

Die Ideenkombinationen identifizieren, die alle benötigten Funktionen zu den geringsten Kosten erfüllen.

6. Aufgabe: Die Idee empfehlen

Dem Vorschlagskomitee die beste Idee zur Überprüfung und Umsetzung vorlegen.

Die folgenden »Aufgaben«-Seiten sollten an die Mitarbeiter weitergeleitet werden. Sie stellen die grundlegende QM-Anleitung und den Rahmen für ein erfolgreiches betriebliches Vorschlagswesen dar.
Die sechs Aufgaben sollen die Kreativität zugänglich machen und sie fördern.

3.4 Qualitätsmanagement-Anwender

Wenn QM für Sie nach harter Arbeit klingt, dann liegen Sie nicht ganz falsch. Dafür lohnt sich QM um so mehr. Wenn Sie jemals Inspiration brauchen, lesen Sie folgenden Auszug aus der Liste der QM-Anwender durch. Er liest sich wie ein »Wer ist wer« der aktuellen Geschäftswelt.

AM International

Allis Chalmers

B F Goodrich

Bell & Howell

Bendix

Black & Decker

Boeing Company

Borg Warner

Brunswick Corporation

CH2M Hill

Caterpillar Tractor

Control Data

Cummings Engine

Data General

Digital Equipment

Eaton

Ford Motor Company

Freightliner Corporation

General Dynamics

General Electric

Hewlett-Packard

Honeywell

Hughes Aircraft Company

IBM

Ingersoll Rand

John Deere

Lockheed
Mack Trucks
Martin Marietta
McKinsey & Company
Mortion Thiokol
NCR Corporation
Nastar
Owens-Corning Fiberglass
Philips Industries
Playskool
RCA
Raytheon Company
Rockwell Corporation
St. Regis Paper
Smith & Wesson
Stanley Tools
Stouffers
Sunbeam Corporation
TRW
Tektronix
Teledyne Water Pik
Union Carbide
Westinghouse

Teil 4:

Die QM-Aufgaben

4.1 Informationen sammeln (1. Aufgabe)

Ziel: Alle Informationen sammeln, die zum Verstehen – und letztendlich Analysieren – des jeweiligen Produktes notwendig sind.

Erzählen Sie von diesem Produkt. Stellen Sie sich vor, Sie beschreiben es jemandem, der dieses – oder auch ein ähnliches Produkt – noch nie gesehen hat. Was müßte er darüber erfahren?

Beantworten Sie Fragen wie: Was ist das Produkt? Woraus besteht es? Wie funktioniert es? Welche Funktionen hat es? Funktioniert es, wie es sollte? Welche Erfahrungen wurden bisher damit gemacht? Welche sind die guten Seiten? In welcher Hinsicht entspricht es nicht den Vorstellungen? Was gefällt an diesem Produkt? Was nicht? Wie hoch sind die Herstellungskosten (Arbeit, Wareneinsatz, Gemeinkosten)?

Die Ausführlichkeit der Antworten hängt vom Produkt ab. Schreiben Sie so viel, wie Sie für notwendig erachten.

Erzählung:

_____

_____

_____

_____

_____

_____

_____

_____

_____

_____

4.2 Funktionen identifizieren (2. Aufgabe)

Ziel: Das Produkt vollständig hinsichtlich seiner »Ist-Funktionen« und seiner »Soll-Funktionen« definieren.

Füllen Sie die Funktionstabelle auf der nächsten Seite anhand folgender Richtlinien aus.

4.2.1 Drei Schritte, um Funktionen zu identifizieren

1. Schritt: Das Produkt über seine Funktionen beschreiben

Zählen Sie alles auf, was das Produkt kann. Verwenden Sie pro Funktion nur zwei Wörter, ein Hauptwort und ein Zeitwort. Wird z. B. ein Kugelschreiber von einer Person verwendet, so zeichnet er Linien, schreibt Buchstaben, enthält Tinte, verhindert Auslaufen usw. Wenn Sie eine Funktion nicht mit zwei Wörtern beschreiben können, unterteilen Sie sie in Teilfunktionen. Die Funktion »einziehbare Spitze« eines Kugelschreibers könnte folgendermaßen beschrieben werden: »Spitze kann bei Nichtverwendung eingezogen werden«, aber hier werden zu viele Worte verwendet. Unterteilen Sie sie in zwei Funktionen: zieht Spitze ein, fährt Spitze aus.

2. Schritt: Die Funktionen in eine Rangordnung bringen

Jedes Produkt hat eine Hauptfunktion (was es können *muß*) und vielzählige Nebenfunktionen (Extras). Bringen Sie die aufgelisteten Funktionen in eine Rangordnung: 1. die Hauptfunktion; 2. die wichtigste Nebenfunktion usw.

3. Schritt: Die Funktionen kategorisieren

Es gibt zwei Arten von Funktionen: Grundfunktionen und Verkaufsfunktionen. Grundfunktionen sind jene Funktionen, die das Produkt funktionsfähig machen. Sie werden durch konkrete Zeitworte und meßbare Hauptworte beschrieben (z. B. *zeichnet Linien*). Verkaufsfunktionen sind jene Funktionen, die das Produkt verkaufbar machen. Sie werden durch abstrakte Zeitworte und nichtmeßbare Hauptworte beschrieben (z. B. *erhöht Prestige*). Gehen Sie Ihre Liste durch, und markieren Sie die Grundfunktionen mit G und die Verkaufsfunktionen mit V.

Produktfunktionen			
1. Schritt: Funktion		2. Schritt: Priorität	3. Schritt: Kategorie
Zeitwort	Hauptwort	Rang	Grund-/Verkaufs-funktion

4.2.2 Ein funktionelles Beispiel

Eine funktionelle Analyse ist schwieriger, als man denkt. Es ist wichtig, das Wesentliche herauszuarbeiten. Nachfolgend ein Beispiel.

1. Schritt: Das Produkt über seine Funktionen beschreiben

Was kann dieser Kugelschreiber? Welche Funktionen stellt er zur Verfügung? Er zeichnet Linien, schreibt Buchstaben, enthält Tinte, verhindert Auslaufen, zieht Spitze ein, fährt Spitze aus, verhindert Verdampfen, erhöht Prestige, macht Werbung.

2. Schritt: Die Funktionen in eine Rangordnung bringen

Was ist die wichtigste Aufgabe des Kugelschreibers?
   Je nachdem. Wenn der Kugelschreiber regelmäßig verwendet werden soll, besteht die Hauptfunktion darin, *Linien zu zeichnen* und *Buchstaben zu schreiben*. Wenn er ausschließlich als Ausstellungsstück dienen soll, ist die Hauptfunktion *Prestige erhöhen*. Gehen wir davon aus, daß der Kugelschreiber regelmäßig zum Schreiben verwendet wird.

3. Schritt: Die Funktionen kategorisieren

Was muß der Kugelschreiber können, um zu funktionieren? Er muß: Linien zeichnen, Buchstaben schreiben, Tinte enthalten, Auslaufen verhindern, Spitze einziehen, Spitze ausfahren, Verdampfen verhindern.
   Was muß der Kugelschreiber könnnen, um verkaufbar zu sein? Er muß: Prestige erhöhen, Werbung machen.
   Die Funktionstabelle für einen vergoldeten Kugelschreiber mit Firmenlogo (siehe vorige Seite) würde ungefähr so aussehen:

Produktfunktionen			
1. Schritt: Funktion		**2. Schritt: Priorität**	**3. Schritt: Kategorie**
Zeitwort	**Hauptwort**	**Rang**	**Grund-/Verkaufs-funktion**
zeichnet	Linien	1	G
schreibt	Buchstaben	1	G
enthält	Tinte	2	G
verhindert	Auslaufen	3	G
fährt aus	Spitze	5	G
zieht ein	Spitze	6	G
verhindert	Verdampfen	4	G
erhöht	Prestige	8	V
macht	Werbung	7	V

4.2.3 Funktionelle Fehlleistungen

Die folgenden funktionellen Fehlleistungen zu identifizieren, kann bedeutende Einsparungen zur Folge haben.

● Unnötige Grundfunktionen

Grundfunktionen, die die Nutzbarkeit des Produktes nicht erhöhen, sind unnötige Funktionen. Unnötige Funktionen vergeuden Geld.
 Beispiel: Der Kugelschreiber kann Elektrizität leiten, was jedoch für die Verwendbarkeit unwichtig ist. Wenn das Unternehmen für diese Funktion mehr zahlt, vergeudet es Geld.

● Unnötige Verkaufsfunktionen

Verkaufsfunktionen, die die Verkaufbarkeit des Produktes nicht erhöhen, sind ebenfalls unnötige Funktionen, die Geld vergeuden.
 Beispiel: Der Kugelschreiber ist vergoldet, um das Prestige zu erhöhen. Unsichtbare vergoldete Teile auf der Innenseite wären vergeudetes Geld.

● Budgetüberschreitende Funktionen

Funktionen, die mehr kosten, als sie wert sind, vergeuden Geld.
 Beispiel: Dem Verkaufspersonal könnte man Kugelschreiber aus purem Gold mit Firmenlogo geben. Das hätte natürlich einen enormen Prestigewert, die Kosten wären aber übertrieben hoch.

4.3 Ideen generieren (3. Aufgabe)

Ziel: Neue Wege identifizieren, um die benötigten Funktionen zu erfüllen.

Die 3. Aufgabe wird Ihnen eine lange Liste von verschiedenen Möglichkeiten liefern, wie die notwendigen Funktionen des Produktes erfüllt werden können.

Das ist leichter, als es klingt, da das primäre Ziel die Quantität und nicht die Qualität der Ideen ist. Die 3. Aufgabe aktiviert die Kreativität, ohne den Prozeß durch voreilige Urteile, Spott oder Zensur zu behindern. Die Ideen sollen die ganze Skala von sensationell bis albern durchlaufen.

Und so sieht der kreative Prozeß aus:

● Gehen Sie die Fragen der Seiten 43 bis 45 durch, um den ganzen Prozeß ins Rollen zu bringen.

● Verwenden Sie für jede Funktion Kopien der Seiten 46 bis 49. Markieren Sie jede Seite mit Funktion 1, Funktion 2 usw.

● Stellen Sie die Fragen bzw. wenden Sie die Technik an.

● Notieren Sie alle Ideen, die Ihnen einfallen, und gehen Sie rasch zum nächsten Punkt über. Unterbrechen Sie Ihren Denkfluß nicht, um nachzudenken – denn dies würde bedeuten, daß Sie mit dem Nachdenken aufgehört haben!

Als Ergebnis werden Sie eine umfassende Liste von Ideen vor sich liegen haben, die alles sein können – von verrückt bis durchführbar. Kurz gesagt, ein Ausgangspunkt.

4.3.1 Auf ins Gefecht

Die folgenden Fragen sind bestens geeignet, um den »kreativen Prozeß« anzukurbeln.

Produkteigenschaften

● Was kann man daraus lernen, wenn man analysiert, was das Produkt *nicht* ist?

_____

_____

_____

● Worin liegen die Nutzen und Vorteile dieses Produktes?

_____

_____

_____

● Worin liegen die Schattenseiten oder Nachteile dieses Produktes?

_____

_____

_____

● Können einzelne Bestandteile derart überarbeitet werden, daß zusätzliche Funktionen zur Verfügung gestellt werden?

_____

_____

_____

● Kann eine Funktion auf mehrere Bestandteile aufgeteilt werden?

_____

_____

_____

Persönliche Präferenzen

● Wenn ich diesen Gegenstand neu entwerfen würde, würde ich die notwendigen Funktionen wieder so aufteilen? Was würde ich anders machen?

_____

_____

_____

● Was gefällt mir an dem Produkt nicht? Ist etwas daran lästig?

_____

_____

_____

Konkurrenzfragen

● Wie bieten unsere Konkurrenten ähnliche Funktionen an?

_____

_____

_____

● Bieten unsere Konkurrenten bessere Funktionen an (günstiger, verläßlicher, attraktiver)?

_____

_____

_____

● Wodurch unterscheiden wir uns sowie unsere Produkte von der Konkurrenz?

_____

_____

_____

● Was ist besser oder schlechter an den Produkten unserer Konkurrenten?

_____

_____

_____

● Welche positiven Kommentare geben Kunden über die Produkte der Konkurrenz ab?

_____

_____

_____

● Wieso verlieren wir Kunden an die Konkurrenz?

_____

_____

_____

4.3.2 Funktionelle Grundlagen

Funktion Nr. _____

● Ist diese Funktion notwendig? Kann man darauf verzichten?

_____

_____

● Wie wichtig ist sie?

_____

_____

● Gibt es eine andere oder bessere Möglichkeit, sie zur Verfügung zu stellen? Zum Beispiel?

_____

_____

● Wird das Produkt durch das Hinzufügen dieser Funktion aufgewertet?

_____

_____

● Wird das Produkt durch das Ausweiten dieser Funktion aufgewertet?

_____

● Wird das Produkt durch das Einschränken dieser Funktion aufgewertet?

_____

● Wird das Produkt durch das Entfernen dieser Funktion aufgewertet?

_____

Funktion Nr. _____

Welche Veränderungen könnten das Produkt verbessern? Man könnte ...

... es länger machen _____

... es kürzer machen _____

... es größer machen _____

... es kleiner machen _____

... es stärker machen _____

... es schwächer machen _____

... es dicker machen _____

... es dünner machen _____

... es teurer machen (Designer) _____

... es billiger machen _____

... es heiß machen _____

... es kalt machen _____

... es einteilig machen _____

... es mehrteilig machen _____

... es als Einwegprodukt machen _____

... es wiederverwendbar machen _____

Man könnte ...

... es zentralisiert machen _____

... es dezentralisiert machen _____

... es schneller machen _____

... es langsamer machen _____

... es einfacher machen _____

... es komplexer machen _____

... es weicher machen _____

... es härter machen _____

... es grober machen _____

... es glatter machen _____

... die Form verändern _____

... die Richtung verändern _____

... die Ausrichtung verändern _____

... die Positionierung verändern _____

... die Bestandteile verschmelzen _____

... die Bestandteile zusammenlaufen lassen _____

... die Bestandteile in Schichten teilen _____

... die Bestandteile kombinieren _____

Man könnte ...

... die Ausprägung neu definieren _____

... Bestandteile ersetzen _____

... Bestandteile vertauschen _____

... Bestandteile aufwerten _____

... Bestandteile austauschen _____

... Bestandteile standardisieren _____

... Bestandteile stabilisieren _____

... etwas umdrehen _____

... die Robustheit verbessern _____

... Farben verwenden _____

... die Form verändern _____

... getrennte Funktionen in die Grundeinheit integrieren _____

... Bestandteile vorfertigen _____

... konform gehen _____

4.3.3 Kreativität nach Zahlen

Die 15er-Regel

Suchen Sie sich eine Funktion aus der Tabelle auf Seite 43 heraus. Schreiben Sie 15 verschiedene Möglichkeiten (auch absolut unpraktische!) auf, wie diese Funktion gewährleistet werden kann. Beispiel: Geht es z. B. um die Funktion Papiere zusammenhängen, könnten die Ideen von Heft- und Büroklammern über Nähen, Kaugummi und Schweißgerät bis hin zu nuklearer Fusion reichen.

Funktion Nr. _____ ; Möglichkeiten, die Funktion zu gewährleisten:

1. _____

2. _____

3. _____

4. _____

5. _____

6. _____

7. _____

8. _____

9. _____

10. _____

11. _____

12. _____

13. _____

14. _____

15. _____

Die 26er-Regel

Nehmen Sie eine Funktion. Schreiben Sie nun 26 verschiedene Möglichkeiten auf, wie diese Funktion gewährleistet werden kann, und zwar eine für jeden Buchstaben des Alphabets (machen Sie sich keine Sorgen, wenn Ihnen für Buchstaben wie q, x oder y nichts einfällt). Wenn Ihnen nichts mehr einfällt, bedienen Sie sich eines Wörterbuchs (A: abschaffen, absorbieren, akzentuieren …).

Funktion Nr. _____

Möglichkeiten, die Funktion bereitzustellen:

A: _____

B: _____

C: _____

D: _____

E: _____

F: _____

G: _____

H: _____

I: _____

J: _____

K: _____

L: _____

M: _____

N: _____

O: _____

P: _____

Q: _____

R: _____

S: _____

T: _____

U: _____

V: _____

W: _____

X: _____

Y: _____

Z: _____

4.3.4 »Verb«alisieren von Grundfunktionen

Vergessen Sie das Hauptwort der Funktionsbeschreibung, und konzentrieren Sie sich ausschließlich auf das Verb. Wozu? Eine Funktionsbeschreibung, die aus zwei Wörtern besteht, wie z. B. *Schild befestigen,* könnte die Ideen auf nur drei Stück beschränken (anbinden, anheften, anklemmen); ein uneingeschränktes Zeitwort, wie befestigen, läßt viel mehr Möglichkeiten offen (anfrieren, Klettverschluß, implantieren, ansaugen ...).
Anmerkung: Diese Technik funktioniert nur bei Grundfunktionen.

Zeitwort:_____ ; Möglichkeiten, die Funktion zu gewährleisten:

1. _____

2. _____

3. _____

4. _____

5. _____

6. _____

7. _____

8. _____

9. _____

10. _____

11. _____

12. _____

13. _____

14. _____

15. _____

4.4 Ideen konsolidieren (4. Aufgabe)

Ziel: Die kreativen Ideen zu ein paar durchführbaren Alternativen zusammenfassen.

1. Schritt: Die Ideen analysieren

Dies ist nun der »Tag des Jüngsten Gerichts«. Alle Ideen, die während der 3. Aufgabe entstanden sind, müssen nun mit größter Sorgfalt analysiert und beurteilt werden. Manche sind ganz einfach undurchführbar. Diejenigen, die durchführbar sein könnten, müssen genau bewertet werden. Jede Idee bringt ein eigenes Paket an Vor- und Nachteilen mit sich.

Es ist besonders wichtig, diese Vor- und Nachteile gleich zu Beginn zu identifizieren.

Verwenden Sie einen Bleistift beim ersten Versuch! Diese Tabelle werden Sie vermutlich wiederholt abändern ...

Funktion Nr. _____

Kreative Ideen zur Gewährleistung dieser Funktion	Vorteile dieser Idee	Nachteile dieser Idee	Kosten*

* Die Kosten beinhalten Personal, Gemeinkosten, Rohstoffe, Bestandteile, Werkzeuge, Maschinenausstattung. Lassen Sie sich nicht aus der Ruhe bringen. Bei einfachen Projekten reichen in der Regel die relativen Kosten oder der gesunde Menschenverstand (wenn diese Methode zum Beispiel doppelt soviel Zeit in Anspruch nimmt, werden sich die Personalkosten ebenfalls verdoppeln).

Diese Vor- und Nachteile müssen jedoch nicht auf ewige Zeiten angelegt sein. Gehen Sie sie anhand der folgenden Fragen nochmals durch, und ändern Sie sie bei Bedarf. (Ein Glück, daß Sie einen Bleistift verwendet haben!)

● Können die Vorteile oder Auswirkungen dieser Idee verstärkt werden? Wie?

_____

_____

_____

● Können die Nachteile dieser Idee gemindert werden? Wie?

_____

_____

_____

● Kann diese Idee mit anderen kombiniert werden, um mehr Vorteile oder weniger Nachteile zu erzeugen? Wie?

_____

_____

_____

2. Schritt: Die Ideen kombinieren

Die kreativen Ideen für die verschiedenen Funktionen müssen nun kombiniert werden. Nachstehende Tabelle sollte Ihnen diese Aufgabe erleichtern.

Produkt: _____

Funktion Nr. 1	
1.: Idee, die die Funktion Nr. 1 zu den geringsten Kosten am besten bereitstellt.	

Funktion Nr. 2	
2.: Idee, die die Funktion Nr. 2 zu den geringsten Kosten am besten bereitstellt *und* sich am besten mit Idee Nr. 1 kombinieren läßt.	

Funktion Nr. 3	
3.: Idee, die die Funktion Nr. 3 zu den geringsten Kosten am besten bereitstellt *und* sich am besten mit den Ideen Nr. 1 und 2 kombinieren läßt.	

Funktion Nr. 4	
4.: Idee, die die Funktion Nr. 4 zu den geringsten Kosten am besten bereitstellt *und* sich am besten mit den Ideen Nr. 1, 2 und 3 kombinieren läßt.	

Natürlich sind Kompromisse unumgänglich! Kostenüberlegungen werden zum Beispiel umso wichtiger, je unwichtiger die Funktion ist. Unwichtige Funktionen sollen so wenig wie möglich kosten. Keine einzige Idee wird eine Funktion perfekt erfüllen, sich gut mit den anderen Ideen kombinieren lassen und obendrein noch die kostengünstigste sein – aber eine wird diesen Anforderungen näher kommen als die anderen. Die Schlüsselfrage heißt daher: Welche Idee bietet den größten Nutzen?

Wiederholen Sie den gesamten Prozeß für die zweitbeste Idee für Funktion Nr. 1, dann die drittbeste. Auf diese Art und Weise erhalten Sie eine Reihe von potentiellen Produkten, die Sie dann vergleichen und gegenüberstellen können.

3. Schritt: Vergleichen und Gegenüberstellen

Bedienen Sie sich der nachstehenden Fragen, um Ihre Produktalternativen zu vergleichen und gegenüberzustellen.

● Wo sind die Vorteile der jeweiligen Alternativen?

1. Alternative _____

2. Alternative _____

3. Alternative _____

● Wo sind die Nachteile?

1. Alternative _____

2. Alternative _____

3. Alternative _____

● Überwiegen die Vorteile die Nachteile?

1. Alternative _____

2. Alternative _____

3. Alternative _____

● Welche Kompromisse sind notwendig?

   1. Alternative _____

   2. Alternative _____

   3. Alternative _____

● Können Nachteile in lösbare Probleme oder Vorteile umgewandelt werden?

   1. Alternative _____

   2. Alternative _____

   3. Alternative _____

● Rechtfertigen die Vorteile einer der Alternativen eine Veränderung des bestehenden Produktes?

   _____

   _____

   _____

● Welche Alternative ist die beste? Aus welchen Gründen – und um wieviel ist sie besser?

   Beste _____

   Zweitbeste _____

   Drittbeste _____

● Worin gleichen sich die Alternativen?

_____

_____

_____

● Worin unterscheiden sich die Alternativen?

_____

_____

_____

● Können Alternativen kombiniert oder angepaßt werden, um eine bessere Auswahl zu ermöglichen?

_____

_____

_____

4.5 Alternativen beurteilen (5. Aufgabe)

Ziel: Alle Informationen, die zur Analyse und Beurteilung der alternativen Produktideen notwendig sind, sammeln.

Genaugenommen, ist die 5. Aufgabe eine Art Versicherungspolizze. Sie garantiert Ihnen, daß die empfohlene Alternative tatsächlich den größten Nutzen bietet und alle Funktionen in höchster Qualität und zu den geringsten Kosten bereitstellt.

Stellen Sie sich für jede Alternative folgende vier Fragen:

● Sollten standardisierte Bestandteile verwendet werden?

Überlegung: Die Verwendung von standardisierten Bestandteilen, im Gegensatz zu Spezialanfertigungen, ist in der Regel mit geringeren Kosten, einem besseren Ruf, einer größeren Verläßlichkeit und einer besseren Verfügbarkeit verbunden.

● Würde ein auf Bestellung angefertigter Bestandteil den größeren Nutzen einbringen?

Überlegung: Durch neue Technologien und Verfahren kann eine Sonderanfertigung genau das sein, was der Innovator braucht.

● Welcher Meinung sind die Experten?

Überlegung: Fragen Sie Mitarbeiter, Manager, Verkäufer, Kunden, Berufsvereinigungen, Fachzeitschriften, Akademiker und wer Ihnen sonst noch einfällt. Diese Personen sehen das vermutlich aus einer anderen Perspektive und können mit berechtigten Fragen kommen, an die Sie gar nicht gedacht haben. Besser spät als nie!

● Hatten Sie die Möglichkeit, die endgültige Idee nochmals zu überschlafen?

Überlegung: Wenn Sie eine Woche warten, bevor Sie die Idee vorlegen, haben Sie die Möglichkeit, Einfälle der letzten Sekunde noch rechtzeitig einzubauen!

4.6 Die Idee empfehlen (6. Aufgabe)

Ziel: Die Idee dem Vorschlagskomitee derart präsentieren, daß sie akzeptiert und umgesetzt wird.

In mancher Hinsicht ist die 6. Aufgabe wichtiger als alle anderen. Warum? Weil, solange die Idee nicht akzeptiert und umgesetzt wird, die fünf vorherigen Aufgaben vergebens waren.

Die folgenden Tips sollten Ihnen beim Umgang mit dem Vorschlagskomitee behilflich sein:

● Erkundigen Sie sich über die Mitglieder des Komitees. Wer sind sie? Was mögen sie? Was motiviert sie (Kosten vor Qualität oder umgekehrt)? Wollen sie Ihre Arbeitsunterlagen (die QM-Formulare) sehen?

● Geben Sie immer Informationen über die Kostenseite ab. Überschätzen Sie die Kosten, und unterschätzen Sie die Einsparungen. Dadurch können Überraschungen nur positiv ausfallen.

● Betonen Sie die Fakten – Vermutungen und Schätzungen sollten jedoch nur erwähnt werden. Die Mitglieder des Komitees können sachbezogene, überprüfbare, objektive Fakten nicht einfach vom Tisch kehren.

● Bringen Sie Vor- und Nachher-Vergleiche ein (Kosten, Probleme, Gelegenheiten, Verbesserungen), damit die Mitglieder des Komitees die Vorteile des Vorschlages verstehen.

● Zeigen Sie das WIE und WARUM der Schlußfolgerungen auf. Präsentieren Sie den Vorschlag als technischen Reisebericht.

● Unterstreichen Sie die Vorteile der Idee. Was gewinnt das Unternehmen, wenn es die Idee implementiert?

● Finden Sie einen Advocatus Diaboli, der die Idee genauestens unter die Lupe nimmt und kritisch hinterfragt. Ernste Unzulänglichkeiten der Idee müssen vor – und nicht während – der Präsentation beseitigt werden.

● Sofern dies angebracht ist, schlagen Sie einen Zeitplan oder eine Strategie für die Umsetzung vor.

Teil 5:

Fallstudie

5.1 Einleitung

Die nun folgende Fallstudie ist eine wahre Geschichte. Sie zeigt, wie ein erfolgreiches betriebliches Vorschlagswesen, verbunden mit einem brauchbaren QM, zu außerordentlichen Gewinnsteigerungen führen kann. In unserem Fall stieg die Produktivität bei einem einzigen Geschäftsformular um 800 Prozent, während die Fehlerquote von 68 auf 2 Prozent fiel. Die Arbeitsmoral und der Abteilungsumsatz verbesserten sich, und die Kosten (für Einstellung, Schulung, Produktion, Rücksendungen, Korrekturen, Aussendungen, Material) wurden wesentlich gesenkt.

Die Lehre, die wir aus Vorschlags- und QM-Programmen ziehen können, ist, daß diese allgemeine Managementprobleme reduzieren können:

- Sie verwandeln eine Problemsituation in eine Chance, die wahrgenommen werden kann.

- Sie erleichtern das Delegieren wichtiger Aufgaben. Der Manager delegiert nicht nur eine Aufgabe, er liefert die Mittel zur Ausführung gleich mit.

- Sie erhöhen den Nutzen der Schulungen. Vorschlagswesen und QM-Richtlinien werden von motivierten Mitarbeitern wiederholt eingesetzt.

- Sie unterstützen Teamarbeit (speziell zwischen Managern und Mitarbeitern). Es gibt keine »Wir-gegen-sie«- oder »Mitarbeiter-gegen-Führungskräfte«-Mentalität. Die vorherrschende Einstellung wird zu »wir gegen es«: Mitarbeiter *und* Führungskräfte bekämpfen gemeinsam das Problem.

- Sie helfen Vorgesetzten, über das »Management« hinauszugehen und zur »Führung« aufzusteigen.

◆ *QM hilft Vorgesetzten, Führungspersönlichkeiten zu werden.*

5.2 Das UV105-Problem

»Ich bin wohl nicht der einzige …«, dachte Georg, als er Beschwerden über das UV105-Formular im Sekretariat hörte. Das UV105 hatte einen schlechten Ruf bei den Sekretärinnen. Es war frustrierend, schwer zu tippen und nervenaufreibend in der Bearbeitung. Die besten Sekretärinnen waren stolz, wenn sie es beim UV105-Formular auf 6 Wörter pro Minute brachten. Der Abteilungsdurchschnitt bei den anderen Formularen lag bei 52 Wörtern pro Minute. Kein Wunder, daß die Damen dem Formular eine Art Haß-Liebe entgegenbrachten.

Georg sah das Problem von einer anderen Seite, die aber kaum positiver war. Dieses Formular hatte das geringste Produktivitätsniveau des gesamten Unternehmens (für das Tippen von nur 10 Wörtern brauchte man 1 Minute 39 Sekunden!). Die Arbeitsmoral war dadurch schlecht, die Qualitätsstandards katastrophal (die Fehlerquote belief sich auf unglaubliche 68%), der Umschlag und vor allem die Kosten sehr hoch.

Es war offensichtlich, daß etwas unternommen werden mußte, nur konnte keiner klar denken. Georg beschloß, Miriam, einer erfahrenen und innovativen Mitarbeiterin, dabei zu helfen, das Formularproblem mit QM zu lösen.

Notieren Sie unten, was Georg Ihrer Meinung nach tun sollte. Vergleichen Sie anschließend Ihre Antwort mit den Kommentaren des Autors auf Seite 66 ff.

_____

_____

_____

_____

_____

_____

_____

_____

_____

5.3 Georgs Aktionsplan

Georg beschloß, Miriam bei der Lösung des Problems anhand der QM-Techniken folgendermaßen zu helfen.

● Miriam helfen, das Verbesserungspotential zu erkennen.

Das UV105 ist frustrierend zu bearbeiten, weil es schlecht entworfen ist. Dadurch ist es ein idealer Kandidat für das Vorschlagswesen.

● Die Vorteile hervorstreichen.

Welche Vorteile erwachsen Miriam aus einer Beteiligung am betrieblichen Vorschlagswesen? Persönliche Anerkennung, erhöhte Produktivität, weniger stressige Arbeit, vielleicht eine finanzielle Belohnung ...

● Miriam dazu ermutigen, das QM-Verfahren einzusetzen.

QM zeigt Miriam nicht nur, wo sie ansetzen soll, sondern auch wie sie vorgehen muß und was sie anstreben soll. QM ist der direkteste Weg zur optimalen Lösung.

● Die notwendige Unterstützung leisten.

Miriam die Ressourcen, die sie zur vollständigen Analyse des Formulars benötigt, zur Verfügung stellen (QM und allgemeine Informationen, ungestörte Zeitblöcke, Zugriff auf andere Abteilungen). Ihr helfen, mögliche (praktische wie politische) Fallen zu identifizieren. Seelische und leitende Unterstützung leisten (einschließlich Feedback, Ermutigung, Lob).

Kurz gesagt, Miriams Anstrengungen erleichtern, statt sie zu erschweren. Das ist der Kern von Management und Qualitätsmanagement.

5.4 Sechs Aufgaben zur detaillierten Problemlösung

5.4.1 1. Aufgabe

Ziel: Alle Informationen sammeln, die zum Verstehen – und letztendlich Analysieren – des jeweiligen Produktes notwendig sind.

Georgs vorbereitende Maßnahmen zur 1. Aufgabe:

● Miriam das erste QM-Formular geben. (Befindet sich auf Seite 36.) Besprechen, wie die Erzählung zu schreiben ist, und Beispiele anführen.

● Probleme mit dem UV105-Formular eingestehen. Miriams Recht, alle nur denkbaren Fragen zu stellen, betonen.

● Alle Fragen, die Miriam bezüglich des Vorschlagswesens oder der QM-Vorgangsweise stellt, beantworten. ANMERKUNG: Miriam wird kaum – wenn überhaupt – etwas über die QM-Vorgangsweise wissen. Ihr raten, die Schritte nach Vorgabe durchzugehen, ohne den Versuch zu unternehmen, vorauszueilen.

Nachstehend eine Zusammenfassung von Miriams ersten Ergebnissen:

Das UV105 ist ein Formular, das bei 5% aller neuen Arbeiterunfallversicherungspolizzen verwendet wird. Es besteht aus zwei ähnlichen Blättern (A und B). Es handelt sich um weißes Papier, Format 21,5 x 28 cm, beidseitig bedruckt. Sie sehen identisch aus; der einzige Unterschied besteht darin, daß A auf NCR-Papier gedruckt ist. A und B können am oberen Rand getrennt voneinander werden. Kopie A ist für den internen Gebrauch, Kopie B ergeht an den Kunden. Beiliegend eine Kopie des Formulars.

Jedes Blatt beinhaltet sieben Informationsblöcke. Die Vorderseiten enthalten einen Adreßblock und drei Abschnitte für kundenbezogene Daten. Die Rückseiten haben drei weitere Kundenabschnitte.

Der Adreßblock wird intern ausgefüllt. Manche oder alle Kundenabschnitte müssen ausgefüllt werden. Diese werden mit einem X gekennzeichnet. Das Formular wird an den Kunden geschickt und von diesem ausgefüllt. Der Kunde trennt die zwei Blätter, behält das zweite und schickt die obere Kopie zurück.

Im äußersten Fall tippen wir Name und Adresse des Kunden sowie sechs X, und dennoch benötigen wir im Durchschnitt 1 Minute und 39 Sekunden dafür. Daraus ergibt sich eine durchschnittliche Tippgeschwindigkeit von 6 Wörtern pro Minute. Bei unseren anderen Formularen beträgt die Durchschnittsgeschwindigkeit 52 Wörter pro Minute.

Beim Formular UV105 ist die Produktivität sehr niedrig, weil das Ausfüllen bis zu 26 Schritte in Anspruch nimmt:

Schritt 1   Vorderseite des Formulars einspannen.
Schritt 2   Papier ausrichten.
Schritt 3   Name und Adresse des Kunden tippen.
Schritt 4   Papier ausrichten.
Schritt 5   Erstes X tippen.
Schritt 6   Papier ausrichten.
Schritt 7   Zweites X tippen.
Schritt 8   Papier ausrichten.
Schritt 9   Drittes X tippen.
Schritt 10   Papier entfernen.

Dank der NCR-Papier-Ausführung werden durch die Schritte 1 bis 10 die Vorderseiten von A und B gleichzeitig ausgefüllt.

Das NCR-Papier funktioniert jedoch nicht in beide Richtungen. Die Rückseiten von A und B müssen getrennt ausgefüllt werden, während die Blätter oben nach wie vor zusammenhängen.

Schritt 11   Rückseite von Blatt B einspannen.
Schritt 12   Papier ausrichten.
Schritt 13   Viertes X tippen.
Schritt 14   Papier ausrichten.
Schritt 15   Fünftes X tippen.
Schritt 16   Papier ausrichten.
Schritt 17   Sechstes X tippen.
Schritt 18   Papier entnehmen.

Und nun der schwerste Teil:

Schritt 19–26   Schritte 11–18 für die Rückseite von Blatt A wiederholen.

Das UV105 ist allgemein unbeliebt. Kunden haben Probleme beim Ausfüllen und schicken es oft unvollständig zurück. (Der Kunde füllt zum Beispiel die Rückseite von Blatt B aus und schickt das unvollständige Blatt A zurück!) Wenn das vorkommt, muß ein neues UV105-Formular ausgefüllt und an den Kunden geschickt werden, in der Hoffnung, daß er es diesmal richtig ausfüllt.

Georgs abschließende Maßnahmen zur 1. Aufgabe:

● Die Erzählung mit Miriam besprechen. Durch Fragen entsprechendes Feedback oder zusätzlichen Einblick geben: Brauchen Sie zusätzliche Informationen? Wiederholen sich dabei nicht sehr viele Schritte? Ist der Aufwand für so wenig Tipparbeit nicht viel zu groß?

● Zusätzliche Ermutigung aussprechen. Miriam hat noch 5 Schritte vor sich!

5.4.2 2. Aufgabe

Ziel: Das Produkt vollständig hinsichtlich seiner »Ist-Funktionen« und seiner »Soll-Funktionen« definieren.

Georgs einleitende Maßnahmen zur 2. Aufgabe:

● Miriam das zweite QM-Formular geben. (Produktfunktionen-Tabelle auf Seite 38.) Besprechen, wie es funktioniert, und nach Möglichkeit Beispiele eines ähnlichen Projektes geben.

● Betonen, wie wichtig es ist, bei QM immer nur schrittweise vorzugehen. Dieser Schritt erscheint so *einfach,* daß sich die meisten zu sehr beeilen. Miriam erklären, daß genau dieser Schritt, die Methode so erfolgreich macht. Es ist daher mehr als sinnvoll, ausreichend Zeit dafür aufzuwenden.

● Selber die Tabellen der 2. Aufgabe ausfüllen. Warum? Alle notwendigen Produktfunktionen zu entdecken, ist schwierig, vor allem beim ersten Versuch. Indem Georg seine eigene Funktionsliste erstellt, kann er seine Ergebnisse mit jenen Miriams vergleichen. Bei Bedarf kann er Miriam dazu anregen, noch weitere Funktionen zu suchen. Nicht um sich Miriam gegenüber aufzuspielen, sondern um Unterstützung und Rückhalt zu bieten. Es ist sehr wichtig, alle Funktionen abzudecken. Wird die eine oder andere ausgelassen, kann es die Effektivität des QM stark schwächen und Miriams Bemühungen beeinträchtigen.

Nachstehend eine Zusammenfassung von Miriams Ergebnissen:

Das UV105 hat fünf Funktionen:

Informationen sammeln, Kunden anweisen, Kopien erstellen, Kopien trennen, Informationen kategorisieren.

Die Rangordnung:

Priorität 1 – Informationen sammeln
Priorität 2 – Informationen kategorisieren
Priorität 3 – Kunden anweisen
Priorität 4 – Kopien erstellen
Priorität 5 – Kopien trennen

Grund- oder Verkaufsfunktionen:

Sie sind alle Grundfunktionen.

Georgs abschließende Maßnahmen zur 2. Aufgabe:

● Mittels Feedback Miriam dazu bringen, den derzeitigen Zustand zu hinterfragen. Zum Beispiel:

– Bedarf die primäre Funktion – *Informationen sammeln* – vom UV105 eines eigenen Formulars? (Könnten diese Daten z. B. auf den Versicherungsantragsformularen erhoben werden?)

– Wird ausreichend Zeit für die Bereitstellung der primären Funktion aufgewendet? (Offensichtlich nicht, wenn die Fehlerquote 68% beträgt!)

– Sind beide »Kopie«-Funktionen notwendig (*Kopien erstellen* und *Kopien trennen*)? Die Kopien verkomplizieren das Formular. Könnten die Kunden nicht, wie bei allen anderen UV-Formularen, eine Photokopie davon machen.

– Die Schritte 4 bis 26 erfüllen die Funktion *»Kunden anweisen«*, indem ihm mitgeteilt wird, welche Abschnitte auszufüllen sind. Können die Anweisungen an den Kunden so gestaltet werden, daß nicht 88 Prozent der Anstrengungen auf sekundäre Angelegenheiten entfallen?

– Ist es notwendig, die *Informationen zu kategorisieren?* Die Kunden in Kategorien einzuteilen ist sehr aufwendig. Könnten die Kunden nicht einfach gebeten werden, die auf sie zutreffenden Abschnitte auszufüllen?

● Miriam nicht nur zum Denken, sondern zum Denken in großen Maßstäben anregen!

5.4.3 3. Aufgabe

Ziel: Neue Wege identifizieren, um die benötigten Funktionen zu erfüllen.

Georgs vorbereitende Maßnahmen zur 3. Aufgabe.

● Miriam die entsprechenden QM-Fomulare geben (Fragen zu »Auf ins Gefecht«, Seiten 43 bis 45, »Funktionelle Grundlagen«, Seiten 46 bis 49, und »Kreativität nach Zahlen«, Seiten 50 bis 52). Die Funktionsweise dieser Formulare besprechen und Beispiele angeben.

● Die notwendige Unterstützung bieten. Diese 3. Aufgabe kann sehr langwierig und frustrierend sein. Miriams Fortschritte genau verfolgen. Ermutigen und bei Bedarf leise drängen. Mit Nachforschungen und Kontakten nachhelfen.

Nachstehend eine Zusammenfassung von Miriams kreativen Ideen:

Funktion Nr. 1: Informationen sammeln
Ist dies die beste Methode, Informationen zu sammeln? Könnten wir: Das Telephon dafür benutzen? Die Makler bei Bedarf bitten, die Daten bereitzustellen (über maklereigene Formulare oder regelmäßige Memos)? Diese Fragen auf anderen Formularen unterbringen (Versicherungsantragsformular, andere UV-Nachfaßformulare)? Ein UV105-Sammelformular an alle Kunden aussenden mit der Bitte, die zutreffenden Abschnitte auszufüllen? Ein EDV-erstelltes Formular verwenden, das nur jene Abschnitte enthält, die auf diesen bestimmten Kunden zutreffen?

Holen wir die Informationen auf effiziente und effektive Weise ein? Könnten wir: Sich wiederholende oder überflüssige Daten streichen? Mehr Daten verlangen (z. B.: die Lohn/Gehaltslisten der letzten drei Jahre, statt des letzten Quartals)? Aussagekräftigere Daten verlangen (z. B.: steuerlich geprüfte – statt informell angegebene – finanzielle Lage)? Um Kommentare bitten (z. B.: wenn eine Antwort negativ ausfällt, hat der Kunde eine Erklärung dafür)? »Ausnahme«-Berichte verlangen? (Da das Formular nur 5% aller Kunden betrifft und nur 5% der retournierten Formulare weiterbearbeitet werden müssen, könnten wir die Kunden bitten, bestimmte Abschnitte nur dann auszufüllen, wenn diese oder jene Bedingung zutrifft?)

Ist dies das optimale Format zum Sammeln von Informationen? Könnten wir: Daraus ein einseitiges Formular machen, indem längeres oder breiteres Papier, schmälere Ränder, eine kleinere Schrift, weniger Text verwendet wird? Kohlepapier statt NCR-Papier verwenden? (Kohlepapier umzulegen geht schneller, als eine Seite neu zu schreiben.) Zweiseitiges Kohlepapier verwenden? (Gezielt angelegte »Löcher« würden es den Sekretärinnen erlauben, die Vorderseiten gleichzeitig auszufüllen, das Formular umzudrehen und die Rückseiten gleichzeitig zu beschreiben.)

Funktion Nr. 2: Informationen kategorisieren
Könnten wir: Abschnitte streichen und Kunden bitten, nur die zutreffenden Fragen zu beantworten? Für jeden Abschnitt ein eigenes Blatt vorsehen und die entsprechenden Seiten zuschicken anstatt Anweisungen zu erteilen (dieses Verfahren wird bereits bei den Nachtragblättern angewandt)? Die Spalten untereinander ausrichten, damit das Papier nicht jedesmal erneut ausgerichtet werden muß? Farbcodierte Abschnitte zum leichteren Auffinden einrichten? Weniger Kategorien verwenden? Die Kategorien benennen, anstatt sie durch X zu kennzeichnen?

Funktion Nr. 3: Kunden anweisen
Könnten wir: Die Kommunikation durch größere Schrift, klarere Formulierungen, Farben verbessern? Alle Anweisungen an einer Stelle schreiben, die X durch Buchstaben mit Verweis auf die Abschnitte ersetzen (»Abschnitte A bis E ausfüllen«)? Die X händisch eintragen statt zu tippen?

Funktionen Nr. 4 und 5: Kopien erstellen und Kopien trennen
Könnten wir die Kopiefunktion zur Gänze eliminieren und den Kunden vorschlagen, ihre eigenen Kopien zu machen? (Anmerkung: Mit dem bestehenden UV105-Formular ist Blatt B keine rechtlich anerkannte Kopie von Blatt A, da die Rückseiten getrennt ausgefüllt werden.) Können wir die Kunden ein aus einem Blatt bestehendes UV105-Formular ausfüllen lassen und ihnen dann das von uns vervollständigte Formular zuschicken (wobei bei Bedarf eine Photokopie unsererseits für die Ablage gemacht wird)?

Georgs abschließende Maßnahmen zur 3. Aufgabe:

● Feedback ohne negative Beurteilung geben.

● Miriam ermutigen, von anderen Quellen Ideen einzuholen (Kollegen, andere Abteilungen, Formularentwickler, Manager, Makler, Kunden, Druckerei).

5.4.4 4. Aufgabe

Ziel: Die kreativen Ideen zu ein paar durchführbaren Alternativen zusammenfassen.

Georgs einleitende Maßnahmen zur 4. Aufgabe:

● Miriam die entsprechenden QM-Formulare geben. (Sie befinden sich auf den Seiten 54 bis 59.) Deren Funktionsweise besprechen und ein paar Beispiele angeben.

● Miriam daran erinnern, daß sich die erarbeiteten Alternativen von der derzeitigen Arbeitsweise vollkommen unterscheiden können. Zu grundlegenden Konzept-änderungen ermutigen. Grundlegende Änderungen führen zu grundlegenden Verbesserungen.

● Hilfe in Form von Feedback oder Verfeinerungen anbieten.

Nachstehend eine Zusammenfassung von Miriams Alternativen:

Alternative Nr. 1:
Das Formular UV105 eliminieren. Den Maklern die Aufgabe übertragen, bei Bedarf die benötigten Informationen dem Unfallversicherungsantragsformular hinzuzufügen. Dies kann entweder über ein neues UV105-Formular oder über ein regelmäßig verfaßtes Memo erfolgen.

Alternative Nr. 2:
Ein überarbeitetes UV105-Sammelformular an alle neuen Polizzeninhaber mit der Bitte um Beantwortung der zutreffenden Fragen aussenden.

Alternative Nr. 3:
Das Formular derart neu gestalten, daß es auf eine Seite eines DIN-A4-Blattes paßt. Alle Anweisungen an einer Stelle konzentriert drucken. Angeben, welche mit Buchstaben gekennzeichneten Abschnitte vom Kunden auszufüllen sind (»Bitte Abschnitte A und E ausfüllen«). Blatt B eliminieren; bei den Anweisungen einen Satz hinzufügen, der dem Kunden rät, eine Photokopie vom Formular zu machen.

Die Anweisungen auf dem neuen Formular würden etwa wie jene auf der folgenden Seite aussehen.

Name und Adresse des Kunden: [Anmerkung: ohne Linien, um das wiederholte Ausrichten des Papiers zu vermeiden]

Bitte füllen Sie den (die) Abschnitt(e) _____ aus, und senden Sie das ausgefüllte Formular an die Zentrale zurück. Behalten Sie eine Photokopie des Formulars in Ihren Unterlagen.

Das Ausfüllen des Formulars würde nur 6 Schritte in Anspruch nehmen, statt den bisherigen 26 Schritten.

Schritt 1   *Formular einspannen.*
Schritt 2   *Papier ausrichten.*
Schritt 3   *Name und Adresse des Kunden eintippen.*
Schritt 4   *Papier bis zur Leerstelle der Anweisung »Bitte füllen Sie den (die) Abschnitt(e) _____ aus« vorschieben.*
Schritt 5   *Buchstaben der auszufüllenden Abschnitte eintippen (A, B, C, D, E und/ oder F)*
Schritt 6   *Papier entnehmen.*

Alternative Nr. 4:
Wie Alternative Nr. 3, außer daß ein zweites Blatt (eine farbige Durchschrift für den Kunden) darangeheftet ist. Das obere Blatt wäre ein abtrennbares NCR-Blatt. Anweisung an den Kunden, die farbige Durchschrift abzutrennen und zu behalten.

Georgs abschließende Maßnahmen zur 4. Aufgabe:

● Miriam bei der Überarbeitung/Verfeinerung ihrer Alternativen helfen. Zusätzliche Perspektiven und Ratschläge hinsichtlich Unternehmenspolitik, Akzeptabilität, Kosten einbringen.

● Bewertungen vorbringen (positiver Aspekt), ohne zu urteilen (negativer Aspekt).

5.4.5 5. Aufgabe

Ziel: Alle Informationen, die zur Analyse und Beurteilung der alternativen Produktideen notwendig sind, sammeln.

Georgs einleitende Maßnahmen zur 5. Aufgabe:

● Miriam ermutigen, ihre Alternativen nochmals anhand der Richtlinien der 5. Aufgabe zu überarbeiten.

● Den Feedback-Prozeß erleichtern. Beim Ansuchen um Ideen von Dritten Hilfe leisten. Schroffe Beurteilungen abschwächen. Beim Interpretieren von Ratschlägen helfen. Feedback in schriftliche Form bringen, um diese Unterlagen eventuell dem Vorschlagskomitee vorlegen zu können.

Nachstehend Miriams Ergebnisse:

Ob das Material standardisiert ist oder in Auftrag gegeben wird, ist in diesem Fall kein wesentlicher Faktor. Das Feedback von Experten (Kollegen, Managern, Maklern, Kunden) spielt jedoch eine wichtige Rolle. Zum Beispiel:

Alternative Nr. 1: Das Einholen der Informationen durch die Makler wurde als politisch undurchführbar betrachtet. Das Unternehmen versuchte verzweifelt, die Produktivität der Makler zu verbessern. Ihre Arbeitslast noch erhöhen? Auf keinen Fall!
Alternative Nr. 2: Ein Sammelformular zu entwerfen, bei dem die Kunden die zutreffenden Fragen beantworten sollen, stieß bei den Experten auf größeren Gefallen. Eine Frage tauchte jedoch regelmäßig auf. Würden die Polizzeninhaber immer wissen, welche Fragen zutreffen? Die 2. Alternative könnte unter Umständen mehr Probleme hervorrufen als lösen.
Alternative Nr. 3: Die Idee, ein größeres, einseitiges Formular zu entwerfen, kam sehr gut an. Zwanzig Arbeitsschritte wurden dadurch eliminiert. So auch die Kopie, die sich ohnedies als überflüssig erwies. Miriam erfuhr, daß 82 Prozent aller Kunden die Kopie nicht aufhoben. Von den restlichen 18% machten die meisten eine Photokopie (eine rechtlich anerkannte Kopie) des Originalformulars. Die 3. Alternative maximierte die notwendigen Funktionen und führte zu keiner Verschwendung von Zeit oder Geld für Nebensächlichkeiten.
Alternative Nr. 4: Eine Kundenkopie an Alternative Nr. 3 zu hängen wurde zwar als funktionell angenehm, aber bei weitem nicht so effizient betrachtet. Die Kosten für eine abtrennbare Kopie wurden als überflüssig gewertet.

Miriam beschloß, dem Vorschlagskomitee die Alternative Nr. 3 vorzulegen ...

Georgs abschließende Maßnahmen zur 5. Aufgabe:

● Miriams Informationen und Schlußfolgerungen nochmals durchgehen. Fragen stellen und erörtern.

● Die Qualität des Feedbacks der Experten notieren. Georg könnte sie für spätere Projekte heranziehen wollen!

5.4.6 6. Aufgabe

Ziel: Die Idee dem Vorschlagskomitee derart präsentieren, daß sie akzeptiert und umgesetzt wird.

Georgs einleitenden Maßnahmen zur 6. Aufgabe:

● Die Präsentation und das Vorschlagskomitee mit Miriam besprechen. Alle Fragen beantworten, alle Ängste ansprechen.

● Miriam bei der Vorbereitung der Präsentation helfen. Zwecks Übung ein kritisches Publikum spielen (Feedback).

● Sichergehen, daß Miriam alle Unterlagen und technischen Behelfe, die sie für die formelle Präsentation benötigt, zur Verfügung stehen.

● Miriam helfen, einen Förderer für ihre Idee im Vorschlagskomitee zu sichern.

Miriams Präsentation:
Miriam erstellt einen Entwurf für die vorgeschlagene 3. Alternative. Sie legt ihn, zusammen mit dem ausgefüllten Vorschlagsformular und unterstützenden Unterlagen (alle QM-Formulare, die sie im Laufe der Arbeit ausgefüllt hat), dem Vorschlagskomitee vor.
Am Tag der Präsentation begeben sich Miriam und Georg zum Vorschlagskomitee, ausgerüstet mit einer Schreibmaschine, einem abgeschlossenen UV-Akt, einem UV105-Formular, einem Alternative-Nr.-3-Formular und den unterstützenden Unterlagen. Miriams Förderer hat ihre Idee mit dem Vorschlagskomitee besprochen und seine positive Empfehlung bereits abgegeben.
Anhand von Informationen des abgeschlossenen UV-Akts füllt Miriam ein UV105-Formular aus. Dauer: 1 Minute 45 Sekunden. Anhand desselben UV-Akts, füllt sie ein Alternative-Nr.-3-Formular aus. Dauer: 12 Sekunden. Sie erklärt, wie das neue Formular die Fehlerquote sowohl des Sekretariats als auch der Kunden reduziert. Ihrer Alternative sollte offensichtlich nachgegangen werden.

Sie stellt sich für allfällige Fragen zur Verfügung. Es gibt aber keine. Genau gesagt, wird ihrer gut präsentierten, gut dokumentierten Alternative nicht der geringste Widerstand entgegengesetzt. Der Vorschlag wird einstimmig angenommen und sofort implementiert.

Georgs abschließende Maßnahme zur 6. Aufgabe:

● Feiern. Miriams Erfolg ist auch sein Erfolg.

5.4.7 7. Aufgabe

7. Aufgabe? *Welche* 7. Aufgabe?

Stimmt. Qualitätsmanagement beinhaltet nur 6 Aufgaben. Was nun folgt, hat nichts mit Qualitätsmanagement zu tun, aber sehr viel mit dem guten alten Management. Es ist die Checkliste, die Georg einsetzt, um sicherzugehen, daß dieser Erfolg viele andere Vorschläge nach sich ziehen wird, sowohl von Miriam als auch von den anderen Damen im Sekretariat.

Abhaken, wenn erledigt:

Miriam privat und öffentlich gratulieren _____ O

Faschingskrapfen für die gesamte Abteilung mitbringen! _____ O

Ein Schreiben an den obersten Chef mit Hinweis auf Miriams
Erfolg richten _____ O

Ein Glückwunschschreiben entwerfen, das der oberste Chef
unterschreibt und Miriam schickt _____ O

Das Annahmeformular des Vorschlagskomitees einrahmen
und neben Miriams Schreibtisch aufhängen lassen _____ O

Miriam ein Dankes- und Bewunderungsschreiben auf
privatem Briefpapier schicken _____ O

Miriams Idee alle drei Monate in den Terminkalender eintragen,
als Erinnerung, »nochmals danke« zu sagen _____ O

Abhaken, wenn erledigt:

Miriam das Formular den anderen Damen des Sekretariats
vorführen und erklären lassen. Sie soll »einen Tag lang
Königin sein« _____ O

Mit Miriam über eine entgeltliche Abfindung sprechen.
(In diesem Unternehmen erhalten Mitarbeiter 5 Prozent der
Ersparnisse, die sich aus einem angenommenen Vorschlag
ergeben; dies über 2 Jahre, bis zu einem Höchstbetrag von
17.000 ECU – was bei Miriams Idee durchaus in Frage kommt) _____ O

Eine Kopie der Kommentare des Vorschlagskomitees
besorgen, sowohl für den eigenen als auch für Miriams
Gebrauch. Was beeindruckt sie? Wonach halten sie Ausschau?
Welcher Teil der Präsentation hat den größten Eindruck
hinterlassen? _____ O

Ein schriftliches Dankesschreiben an alle Experten richten,
die Feedback geleistet haben. Ihre Hilfe kann bei künftigen
Ideen ausschlaggebend sein _____ O

Eine Woche reservieren, in der Miriam und ihre Idee an
der Anschlagstafel im Hof präsentiert werden _____ O

Miriams Erfolg über die Lautsprecheranlage verkünden _____ O

Alle Beteiligten über das Ergebnis der Präsentation informieren.
Jede Person, die an der Er- und Ausarbeitung der Idee beteiligt
war, ist Teil der Erfolgsgeschichte _____ O

Miriams Vorschlag und Bild am Schwarzen Brett der Kantine
aushängen lassen _____ O

Glückwunschflugblätter entwerfen und drucken lassen.
Breitgestreut verteilen – an Mitarbeiter in Miriams Abteilung,
Arbeitskollegen in anderen Abteilungen, Versicherungsmakler
in ihrem Gebiet ... _____ O

Miriam für den Wanderpokal und den »Mitarbeiter-des-
Monats«-Parkplatz vorschlagen _____ O

Abhaken, wenn erledigt:

Die nächste Abteilungssitzung mit der Anerkennung für
Miriam und ihre Idee eröffnen _____ O

Eine »Danke«-Karte durch die Abteilung gehen und von
allen unterschreiben lassen _____ O

Miriams Idee an verschiedene Fachleute im Unternehmen
weiterleiten, mit der Bitte, darauf in Reden, Memos,
Schulungsprogrammen, Firmenrundschreiben, Quartals-
berichten, Werbekampagnen hinzuweisen _____ O

Miriams Bild und eine Zusammenfassung der Idee im
Firmenjahrbuch einkleben bzw. eintragen lassen _____ O

Eine Presseaussendung über Miriams Erfolg an die
Lokalzeitung, das Maklerrundschreiben und die
Versicherungsmagazine leiten _____ O

Eine Kopie von Miriams Idee an die Abteilung, die das
Formular ursprünglich entworfen hat, weiterleiten.
Vielleicht können sie daraus lernen! _____ O

Eine Notiz über Miriams Erfolg für ihren Akt anlegen _____ O

Miriams Vorschlag und Bild am Schwarzen Brett
aushängen lassen _____ O

Miriam und die anderen Sekretärinnen fragen, ob noch
andere Probleme anstehen. Wenn ja, da gibt es diese
wunderbare Methode, die man Qualitätsmanagement nennt ... _____ O

Teil 6:

Abschließende Bemerkungen

6.1 Vorschlagswesen kurz gefaßt

Wir haben eingangs über den ROI, Return On Investment, gesprochen und wie er für Top-Manager langfristig Rarely Of Importance, also selten von Bedeutung, ist.

Es muß wohl kaum betont werden, daß dies auf das betriebliche Vorschlagswesen und Qualitätsmanagement nicht zutrifft. Mit Hilfe dieser beiden Einrichtungen kann ein Manager Kosten senken und gleichzeitig die Produkt- bzw. Dienstleistungsqualität, die Produktivität, die Arbeitsmoral, den Umsatz, die Verläßlichkeit, die Kreativität, die Teamarbeit und seine Führungsqualitäten verbessern.

Das Vorschlagswesen/QM-Programm ist eine der wenigen Beziehungen im Geschäftsleben, die einer wahren »Jeder-gewinnt«-Situation entspricht. Die einzigen Verlierer sind jene Personen, die dieses Programm verschmähen!

Ein gutes betriebliches Vorschlagswesen besteht nicht nur aus Schall und Rauch. Es verlangt eine solide Struktur. Das System muß leicht zugänglich sein. Die Mitarbeiter müssen wissen, was sie davon zu erwarten haben, und dies dann auch erhalten. Das Programm sollte so konzipiert sein, daß es leicht einzusetzen ist und ein Minimum an firmeninternen Spannungsverhältnissen verursacht. In anderen Worten: Diesem gewinnbringenden Programm sollte die gleiche Aufmerksamkeit wie anderen Profit-Centers geschenkt werden.

Die Visualisierung ist ebenfalls eine wesentliche Voraussetzung für den erfolgreichen Einsatz des Programms. Publicity macht sich bezahlt. Machen Sie Werbung für das Vorschlagswesen und die Mitarbeiter, die daran teilnehmen. Jeder möchte einmal im Rampenlicht stehen. Wenn Sie erfolgreiche Innovationen Ihrer Mitarbeiter hervorheben, strahlen nicht nur Ihre Mitarbeiter – auch Sie strahlen durch den widergespiegelten Ruhm.

Die in einem erfolgreichen Vorschlagswesen integrierten Ego-Aufbauer sind die Grundsteine für zukünftige Erfolge. Diese »Streicheleinheiten« fördern das Selbstvertrauen und die Kreativität Ihrer Mitarbeiter. Mitarbeiter mit einem gesunden Selbstbewußtsein liefern wesentlich mehr gewinnbringende Ideen.

Ein kraftvolles betriebliches Vorschlagswesen ist das Mittel zu einem wichtigen Zweck. Unternehmen, die ihr Vorschlagswesen als beiläufige Idee betrachten, werden das Angestrebte nicht erreichen.

6.2 Qualitätsmanagement kurz gefaßt

Qualitätsmanagement ist ein Bündel Techniken, die Angestellten dabei helfen, kreative Möglichkeiten zur Gewährleistung von Produkt- oder Dienstleistungsfunktionen zu identifizieren. Die Schritte sind kurz und bündig auszudrücken:

1.   Die Informationen sammeln, die zur Analyse des Produkts notwendig sind.

2.   Das Produkt hinsichtlich seiner Ist- und Soll-Funktionen definieren.

3.   Neue Methoden, diese Funktionen zu gewährleisten, identifizieren.

4.   Diese Ideen zu möglichen Alternativen zusammenfassen.

5.   Die vorgeschlagenen Alternativen bewerten.

6.   Die beste Alternative vorschlagen.

Die Schritte, die das Management setzen muß, um die Vorschläge umzusetzen, sind jedoch weniger klar definierbar. Eine positive Einstellung zu haben und zu verbreiten ist dabei eine wesentliche Voraussetzung. Sie müssen Ihre Mitarbeiter durch den Qualitätsprozeß führen, ohne ihnen jedoch das Gefühl zu vermitteln, daß sie eingeschränkt oder verhätschelt werden. Sie können Ihren Mitarbeitern die Denkwerkzeuge zur Verfügung stellen, die Denkarbeit müssen sie jedoch selber erbringen.

Die fünzig Minuten, die Sie in dieses Buch investiert haben, können für Sie ein Leben lang gewinnbringend sein, vorausgesetzt natürlich, Sie befolgen diese Prinzipien. Vielleicht beginnen Sie demnächst vom ROI als Rewards Over Infinity – lohnend bis in alle Ewigkeit – zu denken!

6.3 Weitere Informationsquellen

Für weitere Informationen über betriebliches Vorschlagswesen wenden Sie sich bitte an eine der folgend angeführten Institutionen:

DGQ
Deutsche Gesellschaft für Qualitätssicherung
August Schanz Straße 21a
D-60433 Frankfurt
Telefon 069/95 42 41 30

ÖVQ
Österreichische Vereinigung für Qualitätssicherung
Gonzagagasse 1/24
A-1010 Wien
Telefon 0222/533 30 50

SAQ
Schweizerische Arbeitsgemeinschaft für Qualitätsförderung
Industriestraße 1
CH-3052 Zollihofen
Telefon 04131/911 48 61

Folgende Titel dieser Reihe sind lieferbar

❶ *Rebecca L. Morgan*

Professionelles Verkaufen

Das Geheimnis erfolgreichen Verkaufs

Ein praktischer Ratgeber für alle, die im Verkauf tätig sind. Anhand zahlreicher Übungen, Selbsttests und Fallstudien fällt es dem Leser leicht, sich richtig einzuschätzen und die entsprechende Strategie zur Verbesserung seiner Verkaufstechniken zu entwickeln.

❷ *Marion E. Haynes*

Konferenzen erfolgreich gestalten

Wie man Besprechungen und Konferenzen plant und führt

Sie sitzen in einer Besprechung, und es tut Ihnen wieder einmal leid um die Zeit und die Möglichkeiten, die vertan werden, weil am Ende doch nichts Konkretes dabei herauskommt? Das kann in Zukunft anders werden: Wenn Sie dieses Buch durcharbeiten und sich die praxiserprobten Ratschläge zu Herzen nehmen, werden Sie in Hinkunft von der Qualität Ihrer Konferenzen angenehm überrascht sein.

❸ *Marylin Manning/Patricia Haddock*

Führungstechniken für Frauen

Ein Stufenplan für den Management-Erfolg

Worin unterscheidet sich der Führungsstil einer Frau von dem eines Mannes? Und wie kann »frau« die ihr eigenen Vorzüge wie Einfühlungsvermögen, Intuition, partnerschaftliche Kommunikation usw. im Rahmen ihrer Position optimal einsetzen? Ein wertvoller Leitfaden für alle berufstätigen Frauen, die mehr aus sich und ihren Fähigkeiten machen wollen.

❹ *Sandy Pokras*

Systematische Problemlösung und Entscheidungsfindung

Der 6-Stufen-Plan zur sicheren Entscheidung

»Wann immer ich vor einem schwierigen Problem stehe, nehme ich dieses Buch zur Hand, das ich auf meinem Schreibtisch stets griffbereit liegen habe.« Wolfgang Hiller, leitender Angestellter.

❺ *Steve Mandel*

Präsentationen erfolgreich gestalten

Bewährte Techniken zur Steigerung Ihrer Selbstsicherheit, Motivationsfähigkeit und Überzeugungskraft

Wer seine Überzeugungskraft im Vortrag steigern will oder muß, seine Zuhörerschaft motivieren und fesseln möchte, findet hier in prägnanter Form eine Fülle von Anleitungen und Ratschlägen.

❻ *William L. Nothstine*

Andere überzeugen

Ein Leitfaden der Beeinflussungsstrategien

Egal, ob Sie ein neues Produkt auf den Markt bringen, eine neue Technologie einführen, eine Idee »rüberbringen« oder eine Arbeitsgruppe leiten wollen, dieses Buch wird Ihnen helfen, Strategien für eine positive Einflußnahme zu entwickeln.

❼ *Marion E. Haynes*

Persönliches Zeitmanagement

So entkommen Sie der Zeitfalle

Die zur Verfügung stehende Zeit besser zu nützen und damit den Streß zu verringern – ein lohnenswertes Ziel! Doch wem gelingt es schon, dies zu erreichen? Klar und strukturiert werden hier erprobte Techniken dargestellt, die es Ihnen ermöglichen, wieder Herr/Frau Ihrer Zeit zu werden.

❽ *Carol Kinsey Goman*

Kreativität im Geschäftsleben

Eine praktische Anleitung für kreatives Denken

Blockierungen aufheben, Energien freisetzen, Kreativität zum Fließen bringen – mit Hilfe spezieller Techniken gelingt es, die oft brachliegenden Fähigkeiten zu aktivieren und sie in den verschiedensten Situationen gewinnbringend einzusetzen.

❾ *Peter Kralicek*

Grundlagen der Finanzwirtschaft

Bilanzen/Gewinn- und Verlustrechnung/Cashflow/Kalkulationsgrundlagen/Finanzplanung/Frühwarnsysteme

Praktische Hinweise und Übungen für alle, die sich mit den wesentlichen Bereichen des Rechnungswesens vertraut machen wollen.

❿ *Pat Heim/Elwood N. Chapman*

Führungsgrundlagen

Ein Entwicklungsprogramm für erfolgreiches Management

Nicht jeder erfolgreiche Manager ist auch eine Führungspersönlichkeit. Der Unterschied wird deutlich aufgezeigt, wobei der Leser konstruktive Anleitungen findet, sich eventuell noch fehlende Qualitäten zu eigen zu machen.

⓫ *Richard Gerson*

Der Marketingplan

Stufenweise Entwicklung – Umsetzung in die Praxis – Checklisten und Formulare

Ein effektiver Marketingplan ist heutzutage eine Grundvoraussetzung für die Wettbewerbsfähigkeit. Knapp und prägnant, ohne überflüssigen Ballast, wird dargelegt, wie auch kleine Unternehmen einen wirkungsvollen Marketingplan entwerfen und erfolgreich implementieren können.

㉑ *Terry Dickey*
Grundlagen der Budgetierung
Informationsgrundlagen – effiziente Planung – Techniken der Budgetierung – Prognosen und Controlling-Ergebnisse
Effektive Finanzplanung und Budgetierung sind das Kernstück aller erfolgreichen Geschäfte. Angefüllt mit praktischen, erprobten und einfachen Tips für das gesamte Management-Team, zählt dieses Buch zur absoluten Pflichtliteratur – sowohl für Nachwuchsführungskräfte als auch für Topmanager.

㉒ *Sam Horn*
Konzentration
Mit gesteigertem Aufnahme- und Erinnerungsvermögen zum Erfolg
Wer hat nicht zumindest hin und wieder Probleme damit, die nötige Konzentration aufzubringen? Mit Hilfe seminarerprobter Techniken lernt der Leser, die erforderliche geistige Disziplin zu entwickeln; eigens dafür konzipierte Übungen befähigen letztlich dazu, die Gewohnheiten des Zuhörens und Lernens sowie das Erinnerungsvermögen deutlich zu verbessern.

㉓ *Robert B. Maddux*
Erfolgreich verhandeln
Entwicklung einer Gewinn(er)-Philosophie – 8 schwerwiegende Fehler – 6 Grundschritte zu professioneller Verhandlungstechnik
Zeit und Geld sparen sowie ein hohes Maß an persönlichem Erfolg erreichen – dies gelingt, indem man lernt, gewinnbringend zu verhandeln. Praktische Fallstudien und Übungen veranschaulichen deutlich, wie man die richtige Philosophie entwickelt, um Verhandlungen in jeder Hinsicht gewinnbringend zu führen.

㉔ *Roman Hofmeister*
Management by Controlling
Philosophie – Instrumente – Organisationsvoraussetzungen – Fallbeispiele
Controlling ist zu einem gängigen Begriff in der Unternehmensführung geworden. Die tägliche Praxis des Beraters zeigt aber, daß nur wenige Unternehmer Controlling-Instrumente auch tatsächlich so nutzen können, daß dadurch der Unternehmenserfolg verbessert wird. Management by Controlling gibt Anregungen und Rezepte für wirkungsvolle controllingunterstützte Führung.

㉕ *Sam R. Lloyd/Christine Berthelot*
Selbstgesteuerte Persönlichkeitsentwicklung
Selbsteinschätzung – Erwartungshaltungen und Lösungen – verbesserte Führungsfähigkeiten – Persönlichkeitsentwicklungsprogramm
Persönlichkeitsentwicklung ist heutzutage auch im Geschäftsleben zu einem unverzichtbaren Faktor des Erfolgs geworden. Wie man es anstellt, Selbstachtung sowie Selbstvertrauen zu stärken, offen und selbstsicher aufzutreten sowie überzeugend zu kommunizieren, stellen die Autoren eindrucksvoll und leicht nachvollziehbar dar.

㉖ *Elwood N. Chapman*
Positive Lebenseinstellung
Ihr wertvollster Besitz
»Chapman hat seinen Bestseller neu überarbeitet. Sein einzigartiger Zutritt zur Entwicklung von positiver Lebenseinstellung hat bereits Tausenden von Menschen geholfen. Diese hervorragende, neu überarbeitete Version wird weiteren Tausenden helfen.«

William Sisco, Manager,
Walt Disney Productions

㉗ *Lynn Tylczak*
Die Produktivität der Mitarbeiter steigern
Kosten reduzieren – Produktqualität, Servicequalität und Moral erhöhen – basierend auf Wert-Management-Prinzipien
Dieses Buch beschreibt einen Stufenplan, wie Mitarbeiter systematisch lernen, produktiver zu arbeiten. Der Leser erfährt, wie Unternehmen Kosten reduzieren und gleichzeitig die Qualität des Produktes, das Service-Niveau und die Moral verbessern können. Anhand von Beispielen wird gezeigt, wie die Produktivität steigt, wenn die Mitarbeiter wissen, wie kreative Problemlösungen entdeckt, entwickelt und auf das Unternehmen übertragen werden können.

㉘ *Robert B. Maddux*
Team-Bildung
Gruppen zu Teams entwickeln – Leitfaden zur Steigerung der Effektivität einer Organisation
Team-Bildung verbessert die Produktivität und die Kommunikation von Mitarbeitern. Fallstudien und Übungsbeispiele führen den Leser durch die Themenkreise Planung, Organisation, Motivation, Controlling, Zielsetzung, Vertrauensbildung und Konfliktlösung unter Betonung positiver Ergebnisse.

29 *Diane Bone/Rick Griggs*
Qualität am Arbeitsplatz
Leitfaden zur Entwicklung von hohen Personal-Qualitäts-Standards – Beispiele, Übungen, Checklisten
Professionelle Ergebnisse basieren auf besonders hohen Personal-Qualitätsstandards. In diesem Buch wird erklärt, warum diese Standards so bedeutend sind. Anhand von Richtlinien erfährt der Leser, wie diese entwickelt werden und am Arbeitsplatz anzuwenden sind. Fallbeispiele, Übungen und Checklisten zeigen, wie man bedeutende Arbeitsstandards für bessere Produktivität bestimmt und einführt.

30 *Michael Crisp*
12 Schritte zur persönlichen Weiterentwicklung
Selbstbewußtsein/Kommunikation/Partnerschaften/berufliche Fähigkeiten/Kreativität
In wirtschaftlich schwierigen Zeiten verlieren Menschen oft ihren Enthusiasmus und verfallen in eine negative Denkweise. Dieses Positiv-Buch nutzt eine Serie von 12 persönlichen Weiterentwicklungsprofilen, die dem Leser helfen, einen neuen Sinn sowohl für das private Leben als auch für die Karriere zu finden. Jeder Schritt beinhaltet ein interaktives Profil, das dem Leser ermöglicht, sich selbst in folgenden Kategorien zu messen: Selbstbewußtsein, Durchsetzungsvermögen, Wohlbefinden, Fähigkeiten für zwischenmenschliche Beziehungen u. v. m.

31 *Horst Auer (Österreich)*
Ulrich Weber (Deutschland)
Rechtsgrundlagen für GmbH-Geschäftsführer
Geschäftsführung und Vertretung – Weisungen – zivil- und strafrechtliche Haftung – Abgaben-, Sozialversicherungs-, Gewerbe- und Verwaltungsstrafrecht – Gesetzestexte, Musterverträge
Der GmbH-Geschäftsführer muß neben den kaufmännischen (betriebswirtschaftlichen) Fähigkeiten die Rechtsgrundlagen beherrschen, die die Basis für sein tägliches Handeln darstellen. Wissenslücken in diesem Bereich können dazu führen, daß der Geschäftsführer persönlich und mit seinem Privatvermögen haftet. Dieses Buch beinhaltet alle wichtigen Informationen für den Geschäftsführer, sowohl für den beruflichen als auch persönlichen Bereich.

32 *Stefan Czypionka*
Umgang mit schwierigen Partnern
Erfolgreich kommunizieren mit Kunden, Mitarbeitern, Kollegen, Vorgesetzten u. a. m.
Ob Gespräche und Auseinandersetzungen mit anderen Menschen erfreulich verlaufen oder in einer Mißstimmung enden, scheint oft dem Zufall überlassen. Glück oder Pech sind aber keine Kriterien für zielgerichtete Kontakte. Die Fähigkeit, Sachkonflikte, aber auch Beziehungskonflikte effektiv zu lösen, kann man trainieren. Wie? – Das erfährt der Leser aus vorliegendem Buch.

33 *Josef Schwarzecker/Friedrich Spandl*
Kennzahlen – Krisenmanagement
mit Stufenplan zur Sanierung
Grundlegende Vorgangsweise bei der Bonitätsprüfung und unterjährigen Analyse, Zusammenhänge zwischen Bilanz, Gewinn- und Verlustrechnung sowie Finanzrechnung, Kennzahlen zur Beurteilung der Rentabilität, der Liquidität und der Krisenanfälligkeit, Alarmsignale für: Auftragsstand, Absatzplanung, Umsatzentwicklung, Verkaufszahlen, Debitorenrisken, Forderungsausfälle, Kostenstruktur und Lagerproblematik, Überlebensfähigkeit, Neuverschuldung, Schließen oder mit Verlust produzieren: Cash-Break-Even-Analysen; sind die Grenzen für weitere Verschuldung bereits erreicht? Finanzplanung für die »Durststrecke« bei der Sanierung: Bessere Analysen mit Cash-flow-Statements; wo die herkömmliche Cash-flow-Rechnung oft unbrauchbar wird: Probleme bei Unternehmenswachstum und falscher Lagerpolitik, Stärkung der Eigen- bzw. Fremdkapitalbasis: Finanzielle Planung des Unternehmenswachstums – Vermeidung von Liquiditätsfallen; gezielter Einsatz von Fremdkapital.